Fernando Pessoa
費爾南多·佩索亞

1888年出生葡萄牙里斯本，童年多半在南非德班度過。1905年，他回到里斯本就讀大學，最後因為想要自學而休學。他為多家商務公司翻譯外國信件並以此維生，同時以英語、葡萄牙語、法語大量創作。1918和1921年，他自行出版了小型英語詩集，葡萄牙語詩作亦經常登上文學評論專欄。以愛國為主題的詩集《訊息》於1934年榮獲國家大獎。佩索亞最精彩絕倫的作品皆是以三個主要「異名者」創作：阿爾伯特·卡埃羅、阿爾瓦羅·德·坎普斯、里卡多·雷斯，佩索亞甚至寫出這三人栩栩如生的介紹，並賦予三人截然不同的寫作風格及觀點。此外，佩索亞亦創造出幾十個作家身分，包括出納員助理貝爾納多·索亞雷斯，也就是《惶然錄》的虛擬作者。雖然大家眼中的佩索亞是一名知識分子兼詩人，然而直到他於1935年辭世後，佩索亞的文學天賦才廣受認同。

聞翊均｜譯者

臺南人，熱愛文字、動物、電影、紙本書籍。現為自由譯者，擅長文學、運動健身、科普翻譯。翻譯過《黑色優勢》、《價格烽火效應》、《亞馬遜貝佐斯的外星人思維法》、《檯面下我是這樣投資》《我只押成長股》等作品。

因為佩索亞，所以里斯本

Lisbon

What the tourist Should See

Fernando Pessoa

費爾南多‧佩索亞———著

聞翊均———譯

野人

目　錄

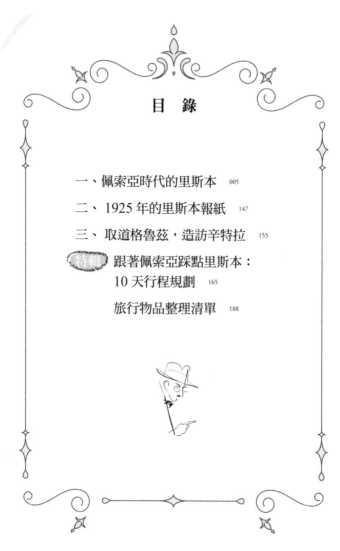

* 本書所引用之《惶然錄》、《我的心稍微大於一整座宇宙》以及《自決之書》
等文句，皆由野人文化出版。

一、佩索亞時代的里斯本

對我來說，

陽光下的里斯本燦爛玤駁，

比任何鮮花都好看。

—— 50. 對文明的懷想，《惶然錄》

登陸里斯本

　　里斯本有七座山丘，上面有無數地點適合欣賞此處的壯麗美景，大量五顏六色的不規則建築組成了這座城市。

　　對於從海上來的旅行者來說，里斯本從遠處看來如同夢幻美景：輪廓鮮明的地景，湛藍的天空，燦金色的陽光歡欣地灑落。一座座圓頂建築、紀念碑與老城堡俯瞰著下方的許許多多房屋，就像是這個美妙所在與幸福城市在久遠以前曾有過的傳令使者。

> 休，有那七座山丘的休，
> 　像個母親般驕傲吧。

——Ad Caeiri manes magistri，
《我的心稍微大於一整座宇宙》

船隻先是經過**布吉奧燈塔**（Bugio Lighthouse），這棟位於河口的小型守護塔在三個世紀之前[1]依若昂·特里亞諾修士（João Turriano）的計畫建造而成。隨著船隻接近岸邊，16世紀的標誌性軍事建築將會映入驚嘆的遊客眼簾，那是具有浪漫時期哥德風格的摩爾式建築**貝倫塔**（Tower of Belém）。船隻繼續前進，河流逐漸變得狹窄，很快又開闊起來，形成世界上最大的天然港口之一，這裡有大量停泊點可供大型艦隊停靠。接著我們會在左側的山丘上看到大量櫛次鱗比的鮮豔房屋。那就是**里斯本**。

布吉奧燈塔

©Rui Ornelas from Lisboa, Portugal via Wikimedia commons

1　作者於 1925 年撰寫本作。

里斯本和它的房屋，

五彩斑斕……

由於不同，所以單調，

由於感受，我除了思考

什麼都不做。

——無題，《我的心稍微大於一整座宇宙》

旅客上岸的過程迅速又快捷，這個上岸地點提供各種運輸方式。馬車、汽車與隨處可見的有軌電車可以在短短數分鐘內將初來乍到的旅客載到市中心。旅客可能會在碼頭的不同區域碰到海關人員、港口警察或入境警察，他們全都彬彬有禮，樂意回答提出的每一個問題。

海關大樓外有一間管控行李搬運的小型警局，可以幫助旅客避免在其他地方有可能發生的職權濫用，對旅客來說十分便利。警局會將行李寄送到城市的各個角落，承擔運輸責任。這裡的員警稱職能幹，能以多種語言溝通。

接下來，請旅客跟著我們一起出發。我們將擔任導遊，伴隨旅客參觀這座首都，介紹古蹟、花園、特殊建築物、博物館，以及在里斯本這個美妙城市中值得一看的所有事物。如果旅客要在這裡住上幾天的話，可以先把行李交給值得信賴的行李搬運員，他將會把行李送到飯店，接下來，旅客便可以和我們一起坐上汽車，往市中心前進。我們將會在途中帶著旅客遊覽所有值得參觀的景點。

陸上旅程

　　碼頭的正對面是**歐比杜斯伯爵岩地（Rocha do Conde de Óbidos）**，這是一塊由養護良好的花園圍繞的高地，旅客可以經由兩道巨大的石階走到最上方，從花園高處欣賞美不勝收的河景。我們沿著**七月二十四日大道（Rua 24 de Julho）**前進，途經桑托斯花園（Santos Gardens，又稱瓦斯科達伽瑪花園，Vasco da Gama Gardens），不久後會經過**路易廣場（Praça de Dom Luiz）**的花園，廣場上的銅像是自由戰爭的其中一位英雄指揮官薩·達班迪拉侯爵（Marquis de Sá da Bandeira）；這座紀念雕像是喬凡尼·奇尼塞利（Giovanni Ciniselli）在羅馬鑄造，底座則是傑曼諾·若澤·德薩利斯（Germano José de Salles）於1881年在里斯本打造並立起的。

　　繼續前進一段路，我們會經過一棟高雅的建築，那是阿梅利亞女王（Queen Amélia）創立的國家結核病援助協會（Assistência Nacional aos Tuberculosos）[2]，接著我們會注意到一路延伸至河邊的這座廣場：左側是**特塞拉公**

2　該機構已於 1980 年解散。

爵（Duke da Terceira）的紀念像，他幫助里斯本脫離了專制政府，右側則矗立著一座引人注意的小型大理石雕像，是一位掌舵的水手。這座紀念像是雕塑家法蘭西斯科・多斯桑托斯（Francisco dos Santos）的作品，公爵雕像則是雕塑家若澤・西莫斯・德艾梅達（José Simões de Almeida）的作品。不遠處是卡斯凱斯線（Cascais line）的臨時火車站，河邊的碼頭可以搭乘小型蒸汽船橫跨太加斯河（Tagus）。此外，這裡還有一個出租汽車站。

特塞拉公爵雕像
©Carcharoth (Commons) via Wikimedia
commons

關於航海的錯亂心喜逐漸掌控了我，
碼頭和它散發的氛圍真實滲透了我，
太加斯河的奔騰淹沒了我的感官，
於是我開始幻想，
被水域的夢境
簇擁包圍，
我靈魂的輸送帶開始奮力運轉，
飛輪的加速顯然震顫著我。

——航海頌，《我的心稍微大於一整座宇宙》

我們的車子繼續前進，穿過阿森納街（Rua do Arsenal），途經**市政廳**（Câmara Municipal），這是本市最輝煌的建築之一，無論內外都巧奪天工，是建築師多明哥斯·派倫特（Domingos Parente）所設計，我們可以在石材與繪畫等方面看見他與多位著名藝術家的合作成果。通往二樓的宏偉樓梯值得一看，尤其是裝飾牆壁和天花板的壯麗繪畫；市政廳的數個房間也裝飾得十分華麗，房內壁畫與繪畫的創作者包括多明哥斯·塞奎拉（Domingos Sequeira）、科倫巴諾·博爾達洛·皮涅羅（Columbano Bordallo Pinheiro）、若澤·羅德里格斯（José Rodrigues）、小尼維斯（Neves Júnior）、若澤·馬霍亞（José Malhoa）、維洛索·薩爾加多（Velloso Salgado）等，他們藉由這些作品描繪許多在歷史與其他領域著名的人物，此外，還有米格爾·安吉洛·盧丕（Miguel Ângelo Lupi）的一幅傑出畫作，他在畫中呈現了龐巴爾侯爵（Marquis de Pombal）以及侯爵在大地震後重建里斯本的過程，房裡也擺設了許多著名雕塑家創作的半身雕像、優美的壁爐和家具等。

　　我們會在廣場的中間看到世界知名的紀念刑柱（Pelourinho），這是18世紀末的名作，當時是以一整塊

石頭雕刻製成這座螺旋柱。通過廣場時，我們會在右側看到**海軍兵工廠**（Arsenal da Marinha），這座龐大建築中的軍械庫和工房位於河上的碼頭，因此不在視線範圍內，此外，建築中還有1945年成立的**海軍學院**（Escola Naval）與**上訴法院**（Tribunal da Relação），上訴法院的大廳陳列著許多美輪美奐又值得欣賞的古老掛毯。海軍兵工廠中還包括了其他較不重要的政府部門。在這棟建築物面向市政廳的那一側則是郵政電信局（Post and Telegraph Offices），不過這一側只有通往存局候領處的入口。

©V.B.Speranza via Wikimedia commons

市政廳

廣場與太加斯河

現在我們抵達的是里斯本最大的廣場，**商業廣場**（Praça do Commercio），原名為**宮殿廣場**（Terreiro do Paço）。這個廣場也是全球最大的廣場之一，英國人稱之為黑馬廣場（Black Horse Square）。廣場是十分開闊的完美正方形，其中三側都是建有高大石製拱門的同風格建築。政府所有的主要辦事處都在這裡，包括各個部會（外交部除外）、郵政電信局、海關署、共和國檢察署、移民署、行政法院、紅十字會中央辦事處等。廣場南方的第四側是太加斯河，河面寬闊，總是充滿往來船隻。廣場中心是國王若澤一世（King José I）的銅製**騎馬像**（equestrian statue），這座一體成形的華麗雕塑是喬金·馬查多·德卡斯楚（Joaquim Machado de Castro）於1774年在葡萄牙鑄成的作品。雕像高14公尺。底座裝飾描繪了許多偉大的人在1755年的大地震後重建里斯本的過程。其中有一人在引導馬匹，馬則用腳蹄踩踏敵人，另一組人中的其中一人則手握勝利與名聲，組合起來非常出色。此外，我們也會在底座看到王室軍隊與龐巴爾侯爵的肖像，雕塑家還以寓意形式呈現

了葡萄牙王室慷慨地重建了當時一片廢墟的里斯本。這座紀念像外圍繞著石柱與高高的鐵欄杆，欄杆外則是通往雕像的大理石階梯。

在廣場北側面向河流時，我們會看到有三條平行街道，中間的街道起始處是一座宏偉的凱旋門[3]，無疑是歐洲最大的凱旋門之一。拱門在1873年完成，最初的設計者是韋里西莫・若澤・達科斯塔（Veríssimo José da Costa），他在1755年開始建造。拱門上方以寓意形式呈現了榮耀加冕的才能與勇氣，雕塑者是塞萊斯坦・安納托・卡梅爾斯（Célestin Anatole Calmels），左右兩側斜倚的人物代表了太加斯河和杜羅河（Douro），其他人物則是努亞瓦雷斯將軍（Nun'Alvares）、軍事領袖維利亞托（Viriato）、政治家龐巴爾侯爵和探險家瓦斯科・達伽瑪（Vasco da Gama），這些雕塑是維克多・巴斯托士（Victor Bastos）的作品。

宮殿廣場是可搭船過河的地點之一，右邊面向河流的那一側是南方鐵路（Southern Railways）的臨時車站。時常有遊客與到訪此港口的外國士兵會在這裡上岸。

3　1755年里斯本發生大地震，為了紀念災後重建而興建。

宮殿廣場上還有一個馬車站和出租汽車站。整體來
說，廣場甚至能讓最挑剔的遊客也留下絕佳的印象。

©Berthold Werner via Wikimedia commons

有時候，我在河邊的宮殿廣場一待就是
好幾個小時，枉自沉思。

——107. 我與世界同在，《惶然錄》

17

商業廣場有三條北向的街道能通往市中心——左側的黃金街（Rua do Ouro）、中間的奧古斯塔街（Rua Augusta，有拱門的那條街）以及右側的銀街（Rua da Prata）。讓我們選擇黃金街吧，這條街對里斯本來說是重要的商業區，因此成為這座城市的主要街道。街上有多間銀行、餐廳和各種商店，其中有許多商店（特別是那些比較接近街尾的商店）幾乎和巴黎的同類型商店一樣奢華。

他記錄季節和天氣的變化，
描寫里斯本的廣場、有軌電車和建築物外觀，描述理髮師、送報員，
雜貨商俯身面向一袋馬鈴薯，
有個女人在銀街賣香蕉。

——事後調查，《自決之書》

快到街尾時，如果我們一邊前進一邊往左手邊看，會看到**聖胡斯塔升降梯**（Santa Justa Elevator），電梯所在的橫向街道因而被稱為聖胡斯塔街（Rua de Santa Justa）。這是里斯本的景點之一，世界各地的遊客總是對這裡讚不絕口。這部升降梯是法裔工程師拉烏·梅斯納（Raoul Mesnier）所建造，他也進行了其他幾個有趣的建築計畫。雖然整座升降梯都是鐵製的，但外觀獨特，輕巧又安全。升降梯中共有兩部電梯，以電力推進。電梯往上能抵達卡爾莫廣場（Largo do Carmo），廣場上是卡爾莫教堂（Carmo Church）4的遺址，如今成了考古博物館（Archeological Museum）。我們需要取得許可才能從電梯停靠的最上層繼續往上爬到最頂層，從那裡欣賞整座城市和河流的壯麗全景。電梯屬於有軌電車公司（Electric Tramway Company）所有。

4　建於 1389 年，1755 年毀於地震，後將遺址改為考古博物館。

©Raimundo Pastor via Wikimedia commons

聖胡斯塔電梯呈現出來的普遍性是
使生活變得更方便的機械技術。

　　──123. 解脫和力量，《惶然錄》

我們現在到達了**佩德羅四世廣場**（Praça D. Pedro IV），這裡通常被稱為**羅西歐廣場**（Rocio，或新拼法Rossio）。這是十分開闊的四方形空間，北方之外的側面都有龐巴爾式建築物，是里斯本的主要核心，幾乎所有交通路線都會經過這裡。廣場中間是佩德羅四世（D. Pedro IV）的雕像，該雕像建於1870年，由加百利・大衛伍德（Gabriel Davioud）設計的，再由伊利亞斯・羅伯特（Elias Robert）雕刻。

　　這是里斯本最高的紀念雕像之一，高度超過27公尺，由石頭底座、大理臺座、白色大理石柱和青銅雕像組成。雕像下半部有4個象徵人物，分別代表正義、力量、謹慎和節制，還有16個葡萄牙主要城鎮的盾徽。紀念像的北側和南側是兩個池塘，裡面有青銅噴泉，周圍環繞著花卉植物。

佩德羅四世（羅西歐）廣場

廣場北邊的**阿爾梅達加勒特國家劇院**（Teatro Nacional Almeida Garrett）5始建於1846年，由義大利建築師福圖納托‧羅迪（Fortunato Lodi）設計。劇院正面宏偉壯麗，矗立著六支紀念柱，這些柱子以前是聖方濟各教堂（Church of S. Francisco da Cidade）的一部分。入口處上方的三座雕像：劇作家吉爾‧維森特（Gil Vicente）、悲劇謬思梅爾波曼（Melpomene）與喜劇謬思泰麗兒（Thalia）是由亞西斯‧羅德里格斯（Assis Rodrigues）雕塑而成，由安東尼奧‧曼努‧達馮塞卡（António Manuel da Fonseca）繪製草圖；代表阿波羅與繆思女神的雕像出自相同的設計師之手；其他代表特定戲劇作家的雕像與一天四個階段的浮雕也是由達馮塞卡繪製草稿，並由亞西斯‧羅德里格斯雕塑而成。這些細節使這棟建築更加引人入勝。建築內部也同樣令人著迷，劇院本身無比精美，天花板則是由科倫巴諾所繪製。大廳也同樣無與倫比。

5　現稱為瑪麗二世國家劇院 (Teatro Nacional D. Maria II)。

瑪麗二世國家劇院

劇作家吉爾‧維森特、悲劇謬思梅爾波曼與喜劇謬思泰麗兒的雕像

車站交通

舊宗教裁判所曾位於這附近。[6]

羅西歐之所以具有極高的流動性和交通性，是因為多數電車線都會經過這裡，廣場上有很多商店、飯店和咖啡廳，附近就是葡萄牙鐵路公司（Companhia dos Caminhos de Ferro Portugueses）的里斯本中央火車站（Lisbon Central Railway Station，現稱作羅西歐火車站〔Rossio Train Station〕）。

車站建築對面是劇院的西側。正面則是曼紐林式（Manueline）建築風格，有大量的浮雕裝飾，以及馬蹄鐵形的玻璃大門。頂部的時鐘由電力推動運轉，並與站內的時鐘連結。一樓設有一般鐵路線的售票處、資訊服務處和一個行李清關辦公室。不想爬樓梯前往頂樓的旅客可以搭乘電梯，不過，如果旅客忘記了這個城市具有山丘的高地落差特色，便可能會對於鐵路位於頂樓的狀況感到有些困惑。我們會在頂樓找到郊區鐵路的售票處、警察局、車站票務辦公室、手提行李

6　該宗教裁判所主要用途是迫害猶太人，至 1821 年才被廢除。

櫃檯和重型行李清關櫃檯。我們可以從多個入口正常進入車站。我們也可以從十二月一日街（Rua Primeiro de Dezembro）兩處斜坡通往車站的頂樓或人行道，這條路線是馬車和汽車會選擇的進站方式，這兩種交通工具可以直接駛進頂樓的廊簷下。在裡也設有郵政電信局，一直營運到最後一班郵政列車離站為止。

這座火車站是由建築師若澤·路易·蒙泰羅（José Luiz Monteiro）設計，1887年開始建造，3年後完工，於1890年6月11日正式開幕。

活著就是旅行。我從一天去到另一天，
就像從一個車站去到另一個車站，
乘坐我身體或命運的火車，
將頭探出窗戶，看街道，看廣場，
看人們的動作和姿態，這些總是相同，
又總是不同，如同風景。

——451. 活著就是旅行，《惶然錄》

羅西歐車站

Lisbon

27

無花果廣場

　　我們現在來到了里斯本的中央。無論我們的旅客
是經由海路來到里斯本，還是坐火車抵達，如果他要
過夜的話，這裡就是最適合選擇飯店的地點。事實
上，里斯本最優質的幾間飯店就位於羅西歐以及附近
不遠處。

　　訂好了飯店，遊客自然而然地就會走到外頭參觀
這座城市。從羅西歐的東側往外走上兩步，他就會看
到**無花果廣場**（Praça da Figueira），這是里斯本市中心的
市場，過去曾是聖嘉彌祿修道院（Convent of St. Camillo）
和其他建築所組合成的諸聖醫院（All Saints Hospital）。

我轉身慢慢離開，步伐比預想得大，回到我租屋的房門前面。但是我沒進去，我猶豫了一下，繼續走去，菲蓋拉（無花果）廣場上擺著五顏六色的小商品，熙熙攘攘地擠著很多顧客，擋住了我的視線。我緩慢前行，毫無生氣，我的視覺已經不再屬於我，它不再是任何東西：僅僅是一個人類動物的視覺，這個人類動物不可避免地繼承了希臘文化、羅馬秩序、基督教義和其他所有的假象，形成了我感覺並感知的文明。

活著的人在哪裡？

——458. 思想的旅行者，《惶然錄》

⌒∽ 鬧區 ∽⌒

　　這個市場十分熱鬧，人潮眾多，建築本身是鐵製的，上方是玻璃屋頂，下方則有大量的小商店和攤販，有些面向街道，有些位於建築物內部。遊逛此處的最佳時間是早上，市場在這個時段特別活躍。

　　那麼，接下來就讓我們從此處 ── 中央火車站──開始旅程吧。我們繼續前進，進入壯觀的自由大道（Avenida da Liberdade），或者更準確地說，應該是走進光復廣場（Praça dos Restauradores），也就是自由大道的起點。我們會在這個廣場中央看到一個紀念碑，用以緬懷1640年開始的光復運動（Campaigns of Restoration）。紀念碑是以底座、臺座和方尖石碑構成，高度30公尺，由安東尼奧·湯馬茲·達馮塞卡（António Thomaz da Fonseca）設計。石碑下半部設置了兩個人像，雕塑家西莫斯·德艾梅達象徵了勝利，阿爾貝托·努內斯（Alberto Nunes）象徵了自由，此外，紀念碑上還記載了1640年革命後的主要光復戰爭日期。這座方尖石碑建於1886年。在廣場上往來的包括馬車、汽車以及裝有側邊車的機車。

繼續往上走，在榮耀巷（Calçada da Gloria）的角落，有一座名為**福茲宮**（Palácio Foz）的大型建築，裡面是光復會所（Club dos Restauradores），又名格言會所（Maxim）。

自由大道於1882年正式通車，是里斯本最重要的交通要道，寬90公尺，長1,500公尺，整條路上都種了樹木，還有許多小花園、池塘、噴泉、流水和雕像。路面以不明顯的斜度上升，讓旅客得以欣賞壯麗的景觀。這條道路之所以有這麼多改善，應歸功於當時的市鎮議會主席蘿莎・阿勞霍（Rosa Araújo）。

我們會在自由大道的起點看到兩座大理石池塘，分別位於主要幹道的左右兩側；繼續向前進，我們會看到茂密的植物環繞著兩座精緻的流水造景，作為水源的兩個人像分別象徵了杜羅河與太加斯河。繼續往上走，我們會在右側看到一座紀念**皮涅羅・查加斯**（Pinheiro Chagas）的小型雕像，十分引人注目，這座紀念像同時呈現了他和他其中一部戲劇作品的女主角。紀念像是由《歐洲旅行箱》週刊（Mala da Europa）於1908年提議建立。

在我們的左手邊是薩利特街（Rua do Salitre）的起點，這條街上的紀念像於1923年4月9日開始建造，目

的是緬懷在一次世界大戰喪命的人。同一側的前方是大道宮殿俱樂部（Club Avenida Palace）7，入口在薩利特巷（Travessa do Salitre），後方則是大道公園（Avenida Parque），裡面有許多劇院與其他廣受歡迎的娛樂場所。

沿著大道設置的花圃被四座大理石雕像包圍了起來，它們分別代表歐洲、非洲、亞洲和大洋洲。自由大道上有兩間劇院、四間電影院和數家咖啡廳與甜點店，以及幾棟宛如宮殿的住宅。到了夏季，有些咖啡廳會把服務範圍擴大到光照充足的中央花圃區，這種露天服務再加上音樂相輔相成，使得夏夜的自由大道充滿活力。

自由大道的終點是**龐巴爾侯爵廣場**（Praça Marquês de Pombal），人們常將這裡稱作圓廳（Rotunda，羅托納達，是環繞龐巴爾侯爵廣場的一條大街）。葡萄牙選擇在這裡為傑出的政治家龐巴爾侯爵建立紀念像8。這座紀念像是在1882年5月8日——也就是龐巴爾的逝世百年紀

7　如今是一間飯店。

8　龐巴爾侯爵紀念像最終於 1934 年建成，也就是佩索亞過世前一年。

念日——由路易國王（King Luiz）開始建造，設計者是安東尼奧·庫托（António Couto）和建築師亞達斯·柏穆德斯（Adães Bermudes），雕塑家則是法蘭西斯科·多斯桑托斯。紀念像完成時的高度將會是36公尺，居高臨下地看著五條大型街道在此交匯。雕像的建築基礎是下方深達18公尺的岩石基座。根據此計畫的描述，這座紀念碑將呈現出這位傑出政治家站在榮耀的基座上，思考他的偉大成就大地震後的里斯本重建工程、用工作與學習取代奴役……等。此外，紀念碑也會呈現在這項偉大成就中與伯爵合作的主要人物：若澤·德西布拉（José de Seabra）、路易·達庫尼亞（Dom Luís da Cunha）、利普伯爵（Conde de Lippe）、路易·安東尼奧·維爾內（Luiz António Verney）、里貝羅·桑切斯醫師（Dr. Ribeiro Sanches）、曼努·達馬雅（Manuel da Maya）、尤金尼奧·多斯桑托斯（Eugenio dos Santos）和馬查多·德卡斯楚。我們還會在紀念雕像上看到關於這位傑出改革者的許多主要行動的描繪。紀念像的底座將由花崗岩製成，凹盆和柱子由上色的大理石和鍍金的青銅製成，雕像和浮雕以鑄銅製成，里斯本雕像以白大理石製成，獎杯、老鷹和末端支撐結構也是白大理石，碑

文由鍍金青銅製成，而鑄銅製成的群體雕像將會使紀念像更加完整。

　　數條寬廣的街道從此處延伸至這座城市中更現代化的區域。馬查多・桑多斯上將（Admiral Machado Santos）正是在這個地點指揮軍隊，從1910年10月3日清晨開始，作戰至10月5日，推翻了君主制，並宣布共和國成立。

龐巴爾侯爵廣場

龐巴爾侯爵廣場是許多街道的起點，其中之一是方特茲佩雷拉德梅洛大道（Avenida Fontes Pereira de Mello），大道上有五間私人房屋和豪華住宅，其中最顯眼的就是百萬富翁索托·麥耶（Sotto Mayor）的宅第；繼續往上走，在十月五日大道（Avenida 5 de Outubro）和皮涅羅查加斯街（Rua Pinheiro Chagas）的轉角是畫家馬霍亞的房屋，設計者是建築師小諾特（Norte Junior）。

這條大道的終點是**薩達尼亞公爵廣場**（Praça Duque de Saldanha），廣場上矗立著偉大的自由派元帥薩達尼亞公爵的紀念碑；這座紀念碑是由托馬茲·科斯塔（Thomaz Costa）和范圖拉·特拉（Ventura Terra）所設計，於1909年首次展示。紀念像底部的銅製人物代表了勝利。

現在我們走上了共和大道（Avenida da República），大道的鋪面平坦，沿途種滿樹木，一路上矗立著許多有趣的私人住宅，我們會注意到右側那座巨大醒目的**坎普佩克諾鬥牛場**（Praça de Touros do Campo Pequeno），這棟摩爾式磚造建築是由建築師安東尼奧·若澤·迪亞斯·達席瓦（António José Dias da Silva）設計，於1892年建造。鬥牛場的面積是5,000平方公尺，可容納8,500人。

© Felix König via Wikimedia commons

這座鬥牛場已不再進行鬥牛活動，現在大多做為演場會等表演藝術的
活動場地。

郊遊區

讓我們繼續前進，穿越鐵路下的地下道，來到正在建造另一座紀念像的地點。這裡是共和大道的盡頭，紀念像旨在紀念1808年的**半島戰爭**（Peninsular War），葡萄牙因該戰爭而脫離外國統治，許多葡萄牙人在過程中展現了出色的英勇精神。這座紀念像將會是全國最出色的紀念像之一，從1908年開始建造，該年是葡萄牙人起義的100週年。若澤・德奧利維拉・費雷拉（José de Oliveira Ferreira）與法蘭西斯可・德奧利維拉・費雷拉（Francisco de Oliveira Ferreira）兩兄弟在建造紀念像的競賽中脫穎而出，前者是雕塑家，後者是建築師，兩人提出了既高貴又美麗的傑出建造計畫。紀念像在完成後大約會高達16公尺。這兩位葡萄牙藝術家在這個作品中用堡壘代表葡萄牙，這個國家既是贏得榮譽的士兵的萬神殿，也是人民英勇捍衛國家的文物紀念庫。它也隱喻了探險家達伽瑪和佩德羅・艾瓦里茲・卡布拉爾（Pedro Álvares Cabral）的發現，並在整體上展現出啟發此一作品的的愛國情感。紀念像的下半部有四組具有象徵意義的人物：正面是起義的人民，正

奮不顧身地捍衛過往的榮耀；左側的人像代表了戰爭導致的影響與混亂；後方是在戰後的瓦礫堆上休息的獅子，代表的是人民的力量；右側則是儉樸住宅的斷垣殘壁、一座已經毀壞的教堂以及一名女孩，她跪在父親身邊，兩人正因為命運多舛而哭泣。我們也會在紀念像上看到葡萄牙祖先的墓。雕像整體的上方則是一組寓意深刻的雕塑群像——葡萄牙人從帝國之鷹的爪子中摘下旗幟，歸還於勝利的祖國。

　　下半部的這些人像與底座是用來自佩羅平涅羅（Pero Pinheiro）的白色大理石製成，而主要雕像群則是在兵工廠鑄造的青銅雕像。所有雕塑作品都是若澤‧德奧利維拉‧費雷拉在位於米拉瑪海灘（Praia de Miramar）的工作室完成的。

半島戰爭紀念像，
於1933年完工。

現在我們走進了這座城市最美麗的其中一座公園**格蘭德廣場**（Campo Grande），公園的長度超過1公里，總寬度大約200公尺。這裡在許久以前是軍事用地，後來葡萄牙王后瑪麗亞一世（Queen Maria I）下令要在這裡建造第一座種植園。我們可以在這裡找到許多外來樹木、觀賞植物、花卉等珍貴植栽，還有一座池塘能供遊客享受划船的樂趣，池塘中間的小島上有餐飲服務，此外，還有溜冰場、網球場、兒童盪鞦韆、茅草棚架、涼亭、自行車出租等。

這座池塘常被稱作船湖（Lagoa dos Barcos），在池塘的前方，也就是我們的左手邊，是**賽馬會競賽場**（Jockey Club Hippodrome），這個寬廣的空間名副其實，適合用於賽馬，同時也適合其他種類的賽事。場地長度1,500公尺，從起點算起的直徑寬30公尺，裡面共有三座看台，一座是供葡萄牙共和國的總統使用，另外兩座則是由鋼筋混凝土建成，一座供賽馬會成員使用，另一座供一般市民使用。後者可容納6,000人。競賽場的站立空間可容納將近60,000人，會場提供用餐服務與賽馬的適當空間。此處已採用法國系統的**同注分彩**

制度[9]。

　　競賽場的旁邊將會建設一座體育場，大小和斯德哥爾摩（Stockholm）一樣，可用於訓練奧運會運動員，也可用於足球比賽，裡面會有一座馬球場和一座高爾夫球場。

　　賽馬會於1925年7月成立，應歸功於多位里斯本運動員活躍的公眾倡議，這些舉動值得讚揚。

　　再往前走幾步就是值得參觀的**木造農舍**（Chalet das Canas），整棟建築都是由各種植物的莖和樹幹所建造而成，農舍有油畫裝飾，裡面有溫室植物與水族箱，外面與花園相鄰，花園裡種植了具有極高植物學價值的外來植物。這間農舍是在公園的前管理員安東尼奧·科德羅·費歐（António Cordeiro Feio）的監督下建造。

　　格蘭德廣場是最受歡迎的週日旅遊景點之一，遊客散布在公園內的幾條藝術風格小徑上，左側道路上常能看到車水馬龍的汽車和馬車。廣場盡頭有一座屬於葡萄牙體育俱樂部（Sporting Club de Portugal）的足球

9　pari mutuel，指所有賭金在扣除管理費和稅金後，由獲勝者依照下注比例分得

場，在我們繞了一圈公園往回走時，會在左手邊看到佩德羅五世濟貧院（Dom Pedro V Poor House）、引人入勝的博爾達洛皮涅羅博物館（Bordallo Pinheiro Museum），以及為了紀念皮涅羅這位著名葡萄牙畫家而建造的青銅紀念雕像，鑄造者是拉烏・賽維爾（Raul Xavier）。

我們的車再次駛上共和大道，迅速穿越艾斯特法尼亞街區（Estefania Quarter），這裡有一間與此街區同名的醫院，接著我們橫越海斯上將大道（Avenida Almirante Reis），爬上**山上聖母丘**（Senhora do Monte），無論是在夜晚、日出或是日落時，我們都可以在這座山丘的頂點看見整個里斯本最美的景觀。現在，我們要前往恩典山丘（Monte da Graça），全里斯本最好的其中一座教堂就坐落在這裡。我們可以在這座教堂看到著名的**耶穌受難像**（Senhor dos Passos），此雕像是用巴西木製成，具有關節，每年都會舉行以苦難善耶穌命名的遊行，並在遊行過程中使用此雕像，在葡萄牙共和國成立後，便暫停了此遊行。我們可以從這座教堂的石頭庭院欣賞這座城市與河流的壯麗全景，這裡的景致幾乎能媲美山上聖母丘。

⟨⟶ 聖文森教堂與跳蚤市場 ⟵⟩

　　沿著勞工之聲街（Rua da Voz do Operario）向下前進，我們的汽車現在停在另一座值得仔細欣賞的宏偉教堂前：**聖文森教堂**（Church of São Vicente de Fora）。教堂正面採用的是17世紀文藝復興風格，無比雄偉壯麗，牆上壁龕裡有聖安東尼（St. Anthony）、聖道明（St. Dominic）、聖塞巴斯蒂安（St. Sebastian）、聖奧斯汀（St. Austin）、聖文森（St. Vincent）、聖諾貝多（St. Norbert）和聖布魯諾（St. Bruno）的雕像。前方有一道寬敞的樓梯通往教堂。

聖文森教堂

這座壯觀的教堂是葡萄牙第一位國王阿方索·恩里克斯（Afonso Henriques）於1147年建立，並於1627年根據建築師菲利佩·特西（Filipe Tersi）的設計重建，外觀美輪美奐，裡面也同樣華麗。教堂長74公尺，寬18公尺，有多個精緻華美的牆面聖堂，其中最傑出的是聖母無原罪聖堂（Senhora da Conceição），全部採用鑲嵌工法以大理石製成；由著名藝術家維尼加斯（Venegas）和馬查多·德卡斯楚合作打造的主祭臺；宏偉的教堂大廳，配上奢華的風琴；中殿和前庭掛有裝飾精巧的傑出油畫；廊道上充滿了卓絕群倫的彩繪磁磚畫；教堂入口則有文森佐·巴卡雷利（Vincenzo Baccarelli）的畫作，經過曼努·達科斯塔（Manuel da Costa）的修復，除了這些之外，教堂內部還有許多值得欣賞的傑作。我們還可以從教堂露臺一覽優美的太加斯河。

過去的教堂餐廳位置如今已被打造成**布拉甘薩王宮的王室萬神殿**（Royal Pantheon of the House of Bragança），由國王斐迪南二世（King Fernando II）在1855年下令改建。一年後，國王若昂四世（King João IV）成為了第一位安葬在此的人。

教堂的入口是正面右側的門，這扇門通往里斯本

宗主教（Patriarch of Lisbon）的老宮殿迴廊。右手邊是里斯本市第一區和第二區的行政辦公室，左手邊沿著長廊前進，會在半途看到國王若昂五世（King João V）下令建造的舊教堂附屬小堂，全都是用鑲嵌大理石打造而成。我們會在前方看到一座石製樓梯，能通往聖文森學院（São Vicente Lyceum，是一所高中）。一路走到底，矗立著一扇通往萬神殿的桃花心木大門。萬神殿入口的走廊長17公尺，寬4.5公尺，牆上有兩座墓，在此安息的兩位英雄是薩爾達尼亞公爵（Duke de Saldanha）與特塞拉公爵，這兩座墓表達了葡萄牙人對他們打贏戰爭的敬意。在特塞拉公爵前方長眠的是他擁有相同頭銜的妻子。

萬神殿長36公尺，寬9公尺，兩側牆壁的突出面上放置了棺材與骨灰罐，還有國王與王子的遺物。右側永眠的是國王若昂四世，他是布拉甘薩王朝（Bragança dynasty）的創立者，1640年革命就是自這個王朝開始的，共有40名貴族一起籌劃革命，領導人是偉大的愛國者若昂‧平托‧里貝羅（João Pinto Ribeiro）。

萬神殿中間是葡萄牙國王和巴西皇帝的佩德羅四世，他的骨灰罐上有兩頂皇冠，分別代表他統治過的

兩個國家。這位國王在對抗他弟弟米格爾（Dom Miguel）的戰役中表現出色，支持憲政政府，反對米格爾的專制主義。

旁邊長眠的是卡洛斯國王（King Carlos）的弟弟阿方索王子（Prince Afonso），安葬在一座超過600公斤重的奢華銀製棺材中。

阿方索的前面就是卡洛斯國王，他在1908年2月1日從維索薩鎮（Villa Viçosa）返回里斯本的路上，乘坐敞篷馬車經過商業廣場時，被兩顆子彈謀殺身亡。在他的統治期間，葡萄牙在非洲取得了幾場輝煌勝利——包括穆辛尼奧・德・阿布奎基（Mousinho de Albuquerque）在莫三比克（Moçambique）打敗叛軍首領剛古哈納（Gungunhana），以及羅沙達斯少校（Major Roçadas）在安哥拉（Angola）的瓜馬塔部落（Guamata）取得的勝利。

再往前走一點，我們會看到卡洛斯國王的兒子路易・菲利佩（Dom Luiz Filipe），他和父親在同一個場合遭到殺害。

兩側是葡萄牙王室的幾個重要人物，包括國王路易一世（King Luiz I）和斐迪南二世，他們就像多卡洛斯國王和他的兒子一樣，被放在水晶頂蓋的骨灰罐裡。

斐迪南國王已經在這裡安眠40年了，不過他的改變最少。

每年都有20,000多人參觀萬神殿，管理者是執行解散法（Execution of the Disestablishment Law）的中央委員會，此委員會對王室寶庫的維護管理值得讚揚。遊客可以在平日上午10點至下午5點參觀，參觀費用只要一埃斯庫多[10]，這些錢會用於慈善活動。

從聖文森廣場（Largo de São Vicente）繼續前進，往左走，通過下方拱門，我們便抵達了開闊的**聖克拉拉廣場**（Campo de Santa Clara），每週二和週六都可以在這裡遊逛跳蚤市集（Feira da Ladra）[11]，這個市集別致美麗，買賣各種零星雜物，有些東西很實用，有些則很可能並非如此，商品有新有舊，不過對於那些每逢週二與週六在露天人行道擺攤的特殊賣家來說，這些買賣無疑能為他們帶來不少利潤。有時候我們會在這裡找到具有極高藝術價值與考古價值的奇妙商品。

10　escudo，葡萄牙於1911年至2002年的流通貨幣，2002年起改用歐元。

11　這個市集直到今天都還存在，也被稱為「小偷市集」、「小偷二手市場」，是里斯本最大也最古老的市集。開放時間是週二9:00-18:00以及週六9:00-15:30。

在生命流動的徒勞中，打轉，迴旋！在這闊區的大廣場裡，穿著樸素的路人在各色流動中，改變路線，聚積成池，劃為溪流，匯聚成河。雖然我的雙眼心不在焉地看著，我心中形成的這些水影比任何其他意象（部分是因為我認為下雨了）更適合這些隨機的移動。

——83. 生活的陰影，《惶然錄》

萬神殿與軍事設施

在廣場中繼續前進，我們會看到一座小花園，左側是軍事法院（Military Court）。接著往前走，右側有一座尚未竣工的建築，它將會成為17世紀最傑出的宗教紀念建築之一：這是**聖英格西亞教堂**（Church of Santa Engracia），整座建築都是以磚石和作工精美的大理石

聖英格西亞教堂自1568年興建，1681年倒塌，1682年重建，故佩索亞稱為「17世紀最傑出的宗教紀念建築之一」。1916年聖英格西亞教堂宣布將改建為國家萬神殿，直到1966年才竣工。

建造而成。雖然曾經有人想過把這座建築當作國家萬神殿（National Pantheon），不過該計畫目前尚無進一步發展。即使這座教堂尚未完工，但仍然十分值得參觀。目前使用這棟建築的是軍事部門。

再往下走一小段路，我們會看到軍隊兵工廠（Fabrica de Armas），旁邊相鄰的是軍火庫（Army Arsenal）。海軍醫院（Navy Hospital）也位於此，建於18世紀。

現在我們走入了守望街（Rua do Mirante），在迪奧哥達庫托街（Rua Diogo do Couto）轉彎，向外走到薩帕托噴泉（Bica do Sapato）。左側是主教井（Poço do Bispo）、薩布雷加斯（Xabregas）以及其他人口密集區和工業區。我們可以在沿路上欣賞**天主之母教堂**（Church of Madre de Deus），該教堂是蕾奧諾王后（Queen Leonor）在1509年創立。儘管這棟建築經歷過大量修復，但鑲嵌作品和繪畫中仍充滿高貴的氣息與藝術細節，尤其是中殿和大廳的作品。

轉向右方，我們會發現自己如今身在一座以軍事博物館（Museu de Artilharia）命名的廣場，這個廣場上還有里斯本著名的運貨站聖阿波隆尼亞火車站（Santa Apolonia Railway Station）。火車站前面則是軍火庫（Arsenal do Exercito），**軍事博物館**正是位於這棟建築物中。這無疑是里斯本最引人注目的博物館。它由蒙帝・佩卓男爵（Baron de Monte Pedral）在1842年成立，不過後來是在博物館總監愛德華多・厄尼斯托・迪卡斯特爾布蘭科上尉（Captain Eduardo Ernesto de Castelbranco）的努力下，才在1876年搖身一變為如此壯觀的博物館。博物館內有許多值得一看的收藏：一系列精美的軍械與其他火藥、胸甲、武器等，還有裝飾內部的鑲嵌作品、板面繪畫、肖像、半身像、雕像、徽章和浮雕等，另外也包括了半島戰爭時期的制服等。此處的收藏無比壯觀，包含了葡萄牙在歐洲、非洲和東方的戰役中使用過的軍械，共將近300多件，它們是輝煌歷史現存的真正文物。館內有多位著名畫家的作品，包括科倫巴諾、馬霍亞、維洛索・薩爾加多、卡洛斯・海斯（Carlos Reis）、安東尼奧・拉馬略（António Ramalho）、盧奇亞諾・弗雷勒（Luciano Freire）、孔德薩（Condeixa）、喬治・克拉索（Jorge Collaço））、若昂・瓦斯（João Vaz）、阿卡西歐・利諾（Accacio Lino）、索薩・洛佩斯（Sousa Lopes）、法康・特利戈索（Falcão Trigoso）等；雕像的創作者包括

西莫斯・德艾梅達（Simões de Almeida，姪子）*12*、奧利維拉・費雷拉、索薩・羅德里格斯（Sousa Rodrigues）等人。畫作和雕像，再加上鍍金鑲嵌作品與其他裝飾物品，使得這座博物館成為了超乎尋常的傑作保存庫，對所有里斯本的遊客來說都不容錯過。

如前所述，軍事博物館位於**軍火庫**大樓中，這棟建築物建於18世紀，朝向火車站的那一側有一個紀念性入口，一旁擺放著以寓意形式呈現的出色雕塑，創作者是雕塑家特謝拉・洛佩斯（Teixeira Lopes）。博物館的營業時間是平日上午11點至下午5點，週一休館。

---

12 這位雕刻家有一位與他同名的叔叔（也是一位雕刻家），因此提到他時會在名字後面加上「姪子」做為區隔。

阿爾法瑪區

在我們返回**下城區**（Baixa）的路上，我們會經過里斯本最美麗的地區：**阿爾法瑪**（Alfama），這裡是舊漁民區，多數地方仍維持著古時的樣子。打算在里斯本停留兩、三天以上的遊客請務必參觀這個城區，這個地方能讓人看見里斯本獨一無二的過往樣貌。此處的每一個角落都會喚醒過去的回憶——建築、街道類型、拱門、階梯、木製陽臺，以及居住此住的人們習以為常的生活中所充斥的噪音、對話、歌曲、貧困與泥土。

我們來到了**凱斯德方迪尚**（Caes da Fundição），這座碼頭維修的是往返非洲的船隻，之後我們進入稅關街（Rua da Alfândega）。首先我們會在右側看到尖石巷（Travessa dos Bicos）。遊客可以下車去參觀**尖石宮（Casa dos Bicos）**。尖石宮建於16世紀，建築所有人是偉大的阿方索・德・阿布奎基（Affonso de Albuquerque）的後裔。該建築的正面全都是尖石，因此他們曾將之稱為鑽石宮（Casa dos Diamantes）。這是個值得欣賞的建築奇觀。

外型特異的尖石宮，牆面上的菱形鉚釘圖案都是凸出的尖石

53

我們再次回到車上。在同一條街道上更往前一些，有一座值得仔細參觀的教堂，名為**舊聖母無原罪教堂**（Conceição Velha）；建築物的入口是曼紐林風格的精緻石雕，我們可以在半浮雕中看到仁慈聖母（Senhora da Misericórdia）、國王曼努一世（King Manuel I）和他的王后蕾奧諾・特列斯（Dona Leonor Telles）、仁慈聖母雕像的創作者、教宗利奧十世（Pope Leo X）和多位聖徒與主教等。這座教堂建於1520年，經歷了多次地震的摧殘，於1755年的最後一次地震後進行重建。雖然教堂內部算不上特別美輪美奐，但仍然值得一看。

繼續前進數公尺就會抵達馬格利納街（Rua da Magdalena）。我們乘車一路前行，接著向右轉，駛上了通往**里斯本主教座堂**（Sé Patriarcal）的路；這座教堂無比古老，建造日期不詳，據信它在摩爾人[13]統治西班牙之前就已經存在，應在很大部分上歸功於國王阿方索・恩里克斯。里斯本經歷的數次地震在這座教堂留下了痕跡，這座教堂也經歷過多次重建，但不得不說，此建築物如今的狀態顯然可以看出，過去的數個「修復

13　Moors，中世紀的基督徒對西地中海區域異教徒的統稱，帶有貶義。

里斯本主座教堂是里斯本最古老的一座教堂，自1147年興建之日起，經歷過多次地震，為此改建過數次，也因此該教堂混合了多種建築風格，包括羅曼式、哥德式、巴洛克式，直到20世紀初（應該就是歸功於作者提到的安東尼奧·庫托）才確立今日我們所見的外觀。

者」都缺乏明確的計畫。教堂目前正在進行更加謹慎的修復，監督者是安東尼奧‧庫托，希望此次重建能使大教堂獲得一點藝術上的統合性。

過去教堂裡曾發生過許多締造了歷史的事件，例如在1383年的人民起義過程中，主教馬提紐‧安內斯（Bishop Dom Martinho Annes）因為在政策上偏袒王后蕾奧諾‧特列斯，被人們從教堂的其中一座塔樓推了下去。

教堂內部值得我們仔細欣賞，絕不能錯過裡面的三座中殿、拱門、彩繪玻璃窗、據說聖安東尼（Saint Anthony）在1195年用以受洗的洗禮池、巴托羅謬‧喬安尼斯（Bartholomew Joannes）的小聖堂、馬查多‧德卡斯楚的壁畫隔間，以及在此供我們觀賞的許多畫作。此外，教堂裡還有一些墓，包括我們剛剛提到的教堂奠基者、主教羅德里格斯‧達庫尼亞（Dom Rodrigo da Cunha）米格爾‧德卡斯楚（Dom Miguel de Castro）、國王阿方索四世（King Afonso IV）與其王后、卡斯提爾國王桑喬四世（Sancho IV, of Castile）的女兒、盧波‧費南德斯‧帕切科（Lopo Fernandes Pacheco）與其第二任妻子瑪莉亞‧羅德里格斯（Maria Rodrigues）。從大廳和走廊的頂

端看下來，我們幾乎可以看清整座教堂。

主教座堂裡有大量的珍貴儀式物品，這些物品的組成結構包括金、銀和寶石，價值不菲。在這些寶物中，最引人注目的其中一項物品是著名的**主教座堂聖體顯供架**（Custodia da Sé），它高90公分通體黃金，上面鑲有鑽石、綠寶石、紅寶石等各式其他寶石，總計4,120顆，令人嘖嘖讚嘆。其四面底座重75馬克 [14]，也就是17.212公斤。這座顯供架是著名藝術家若澤・卡塔諾・迪卡瓦略（José Caetano de Carvalho）製作，他花了5年半的時間在這個作品上，並有幸在1760年把作品交給國王若澤一世，國王則把作品當作禮物贈送給他的這座王室教堂。此作品本身的製作成本是18康多（conto，約4,000英鎊）。另一個同樣出色的是我們稱作**菲律賓十字架**（Philippine Cross）的寶物，上面鑲有多色琺瑯，由西班牙國王菲利普二世（Philip II）於1619年交給位於托馬爾（Thomar）的耶穌修道院（Convent of Christ）。不過收藏這些寶物的博物館並沒有開放給一般大眾參觀。

14　mark，歐洲大陸舊時用的金銀重量單位。

繼續前進一點，我們來到了名為**阿爾朱比** 15 的女性監獄，這裡過去曾是大主教米格爾·德卡斯楚的宅第。除了建築物歷史悠久的過去之外，此處沒有太多值得我們注意之處。在街道的對面，也就是在我們繼續前進時的左手邊，是另一個座監獄，專關男囚的**檸檬樹監獄** 16。雖然這座大型建築物建於18世紀，但此處和葡萄牙過去的歷史具有密切關連。這裡曾是王子的宮殿（Paço dos Infantes），蕾奧諾王后的愛人安代羅伯爵（Conde de Andeiro）就是在宮殿中被殺死的；斐迪南國王也死在宮殿中；這裡曾是鑄幣廠、市鎮議會大樓、舊上訴法院等。檸檬樹監獄是里斯本就古老的民事法監獄，是在18世紀被改造成監獄的。在前幾年，有些囚犯在監獄裡放火燒掉了部分建築，至今尚未重建燒掉的部分。

15　Aljube，源自 8 世紀穆斯林統治里斯本時使用的阿拉伯文，意思是地牢。此處在 2015 年成為「阿爾朱比抵抗與自由博物館」（Museu do Aljube-Resistência e Liberdade）。

16　Limoeiro，在 1974 年的革命後永久關閉，在 1979 年轉歸司法研究中心（Centre for Judicial Studies）所有。

在監獄的院子裡，趁著劊子手分心，
我們可以享受片刻的歡愉。

——236.冷漠的獨立性，《惶然錄》

檸檬樹監獄前方是薩烏達德街（Rua da Saudade），一路通往**聖若熱城堡**（Castelo de São Jorge）。有空閒時間的遊客務必不能錯過，這座城堡的位置是著名的里斯本高點，可以欣賞到太加斯河與里斯本絕大部分的景色。城堡有三個主要大門，分別為特拉松（Trason）、馬蒂姆・莫尼茲（Martim Moniz，）和聖喬治（São Jorge）。這三扇門非常古老。城堡本身極為出色。它是摩爾人

聖若熱城堡

建造的，擁有厚重的牆壁、堡壘和塔樓，可說是里斯本防禦線的一部分。過去國王確實住在這裡，此處也是葡萄牙政治歷史中許多重要事件的發生地。雖然如今城堡已被大量房屋包圍，處處都是營房，又經過了改造和地震的破壞與摧毀，但這裡仍是值得一看的景點。從城堡看出去的景色美不勝收。我們可以找營房的日間值班人員要求許可參觀城堡。

我再一次見到你 —— 里斯本，
太加斯河和近郊 ——
你以及我那毫無作用的旁觀者，
一個人在此處卻猶如身在他方的異邦人，
像偶然出現在我靈魂般偶然出現在生命，
一個在回憶走廊裡穿梭的流浪鬼魂
朝老鼠和木地板的叫聲響聲而去
在這受到詛咒不得不待下的城堡裡……

——再訪里斯本（1926 年），
《我的心稍微大於一整座宇宙》

羅西歐廣場周邊

在參觀了聖若熱城堡或看過了檸檬樹監獄後，讓我們再次往下走到羅西歐廣場，在廣場旁欣賞同一教派又雄偉壯麗的**聖道明教堂**（Church of São Domingos）；這座教堂是在大地震後建造的，設計者是建築師馬德爾（Mardel）。教堂裡曾舉行過非常重要的正式儀式——王室婚禮和洗禮、加冕和葬禮，卡洛斯國王也是在這裡結婚的。此處的高聖堂是用深色大理石製成，底部有圓形雕飾，同樣值得遊客參觀。阿方索三世（King Afonso III）的兒子阿方索王子（Prince Afonso）和修道士若昂·德瓦斯康塞洛斯（Friar João de Vasconcellos）都安葬此處，裡面還有多幅佩德羅·亞歷山德諾（Pedro Alexandrino）的繪畫用於裝飾小聖堂。

在星期日，寬廣的廣場呈現一派莊嚴氣
氛，儼然另一個世界。人們從聖多明我
（聖道明）教堂的彌撒走出來，而另一
場彌撒即將開始。我看著那些正在離開
的人，還有那些還沒走進去的人，
因為他們在等還沒到的人，
觀察走出來的人。

——144. 對彌撒的回憶，《惶然錄》

63

這個地方曾是聖道明修道院，該建築被 1755 年的地震摧毀，當時宗教裁判所在此進行了多次**信仰審判**（autos de fé）。在同一座教堂中，許多猶太人在 1506 年做完禮拜後被狂熱的人民殺死，這場屠殺很快就擴散到里斯本的其他地方。

從這裡沿著尤金尼奧多斯桑托斯街（Rua Eugénio dos Santos），面對瑞吉多花園街（Rua do Jardim do Regedor），我們會看到紀念俱樂部（Monumental Club），再繼續前進，我們的右邊出現了一座宛如宮殿的建築物，此處自 1897 年以來就是地理協會（Sociedade de Geographia）的所在地。該協會是盧奇亞諾・科德羅（Luciano Cordeiro）於 1875 年創立，一直扮演著高度愛國者的角色，同時也推廣講座、會議、展覽、國家紀念事宜、科學探險事宜、科學探索等。我們也會在此發現一座有趣的殖民與民族博物館，展品包括海軍遺物、大型帆船模型、葡萄牙與非洲船隻模型、胸像與其他雕塑、盔甲、箭和其他本地武器、軍事探險隊的旗幟、著名景點的油畫、手稿、雕刻、印度家具、歷史家具、野生動物皮革、紡織纖維和類似物品、來自安哥拉、莫三比克、澳門、帝汶等國的產品（例如咖啡、橡膠、木材等）、本

地偶像、動物的牙齒、頭骨、鳥類、葡萄牙各省的傳統服裝模型、地球儀、石棺和上千種奇妙的物品，這些東西裝滿了前廳、三層樓的樓梯、三間大房間、四間較小的房間，以及兩個環繞著葡萄牙大廳（Sala Portugal）的兩道走廊，葡萄牙大廳的面積最大，高達790平方公尺。博物館的開放時間是星期日上午11點至下午4點，但取得特殊權限者則可以在平日進入參觀。

這棟大型建築中還建有全歐洲最大的其中一座劇院暨環形廣場：休閒表演劇院（Coliseu dos Recreios）。劇場前方是同樣位於這棟建築物中的里斯本商業協會（Associação Commercial de Lisboa），此處原本是宮廷俱樂部（Palace Club）的財產。

博物館與圖書館

我們的車再次穿越羅西歐廣場，駛上卡爾莫街（Rua do Carmo）、加勒特街（Rua Garrett，較知名的稱呼是西亞多街，Chiado），然後在艾文斯街（Rua Ivens）轉彎，進入了一座廣場，廣場上有1217年建立的舊聖方濟各修道院（Convento de São Francisco da Cidade），如今此處設置了國家圖書館、藝術學校、當代藝術博物館與區政府（Governo Civil），不過區政府的正門位於卡佩羅街（Rua Capello）。

位於二樓的**藝術學校**（Escola de Belas Artes）在1837年開業，其教學範圍涵蓋素描、繪畫、雕塑、版刻、建築等。有些藝術家在這裡設有工作室，例如科倫巴諾、卡洛斯・海斯、薩爾加多和盧奇亞諾・弗雷勒。

國家當代藝術博物館（National Museum of Contemporary Art）擁有1850年以來的各種精美繪畫和雕塑。油畫作者包括克利斯蒂亞諾・達席瓦（Cristino da Silva）、博爾達洛・皮涅羅、米格爾・安吉洛・盧丕、湯馬茲・J・達安努西亞塞（Thomas J. da Annunciação）、阿爾弗雷多・迪安德拉（Alfredo de Andrade）、梅內塞斯子爵（Visconde de Meneses）、安東尼奧‧曼努‧達馮塞卡、若澤‧羅德里格斯、法蘭西斯科‧梅特拉斯（Francisco Metrass）、亞西斯‧羅德里格斯、維克多‧巴斯托士、西莫斯‧德艾梅達、阿爾弗雷多‧凱爾（Alfredo Keil）、莫雷拉‧哈托（Moreira Rato）、席瓦‧波多（Silva Porto）、博納特（Bonnat）、安東尼奧‧拉馬略、阿爾貝托‧貝斯納德（Alberto Besnard）、索薩‧平托（Sousa Pinto）、安吉爾（Angel）、若澤‧馬霍亞、保羅‧羅倫斯（Paul Laurens）、孔德薩、卡洛斯‧海斯、特利戈索（Trigoso）、薩爾加多、若昂‧瓦斯、亞瑟‧洛萊羅（Arthur Loureiro）、穆尼奧斯‧帝格雷恩（Muñoz Degrain）、索薩‧洛佩斯、康斯坦丁諾‧費南德斯（Constantino Fernandes），雕塑作者包括科斯塔‧莫塔（Costa Motta）、法蘭西斯科‧桑托斯（Francisco Santos）、特謝拉‧洛佩斯、西莫斯‧索布里尼奧（Simões Sobrinho）、莫雷拉‧哈托、索拉斯‧多斯海斯（Soares dos Reis）、阿爾貝托‧努內斯、托馬茲‧科斯塔、安喬斯‧特謝拉（Anjos Teixeira）；繪畫作者盧丕、安東尼奧‧坎奈羅（Antonio Carneiro）、拉馬略、席瓦‧波多（Silva Porto）、博爾達洛‧皮涅羅、索薩‧平托、維克多‧巴斯托士、索薩‧洛佩斯等；

水彩畫家包括艾維斯・德薩（Alves de Sá）、洛克・賈梅洛（Roque Gameiro）、阿爾貝托・德索薩（Alberto de Sousa）、海倫娜・賈梅洛（Helena Gameiro）、萊頓・德巴羅斯（Leitão de Barros）、卡洛斯・邦瓦洛特（Carlos Bonvalot）等。這間博物館設置了許多合適的展品，值得遊客參觀與欣賞。

建築物的三樓是**國家圖書館**（Bibliotheca Nacional）[17]，它成立於1796年，原名**王室宮廷公共圖書館**（Royal Bibliotheca Publica da Côrte），裡面的書籍是審查委員會的圖書，也就是說屬於耶穌會（Jesuits）和皇家歷史學院（Royal Academy of History）的書籍。在那之後，圖書館持續透過購買和贈送添加館藏。館內共有2層樓、11間房間和14條通道，共有36萬冊藏書。入口處有馬查多・德卡斯楚所創作的葡萄牙王后瑪麗亞一世雕像，還有若澤・西莫斯・德艾梅達創作的卡斯提略（Castilho）半身像，以及安東尼奧・達科斯塔（Dom António da Costa）的半身像。圖書館的16世紀彩繪磁磚（azulejos）

17　該圖書館已於 1969 年遷移至現址。佩索亞本人相當喜愛在國家圖書館自學，甚至因此從里斯本大學輟學。館內有佩索亞檔案館，收藏了約 25,000 多篇佩索亞的文章。

值得遊客一看，它們以前屬於聖安德魯教堂（St. Andrew's Church）的維達聖母小聖堂（Senhora da Vida），如今聖安德魯教堂已不復存在。

在圖書館兩層樓中的較低樓層設有閱讀室可供個人研究與公用閱讀，此外還有圖書目錄室以及報紙與評論室。圖書館的較高樓層則有印刷辦公室、職員辦公室、雕版部門以及非常重要的儲書室（Reserved Book room），裡面存放了善本、實際的文獻文物、特殊複本、稀有裝幀與插畫、手稿、硬幣和各式各樣的書面文件，這些物品構成了值得極高關注的文獻收藏。我只想告訴遊客，圖書館的此一部門和其他部門一樣，如今都得到了適當的關注和警戒。國家圖書館現今因整潔與設施良好而聞名，在考慮到這棟建築並不是最適合圖書館的狀況下尤其如此。在知名詩人暨作家傑米・科泰薩奧醫師（Dr. Jayme Cortesão）被任命為圖書館長之後，圖書館已在近期取得了明顯且十分需要的進步。

遊客還可以在圖書館看到特殊的聖經部門（Bible Department，此部門擁有第一版《古騰堡聖經》〔Gutenberg Bible〕的複本，全球目前只有兩份此版本的現存複本）、海軍和

海外檔案館（Navy and Overseas Archives，館內有各種地圖和圖表）、目錄編輯室、瓦拉托若修道院圖書館（Library of the Convent of Varatojo），此修道院圖書館保留了原始的環境設置，包括祈禱室、作家菲亞略・德艾梅達（Fialho de Almeida）的房間及作家的半身像（由科斯塔・莫塔家的同名姪子創作）。

　　建築頂部有一個廣闊的露臺，可以欣賞無比美麗的景色。圖書館的開放時間為平日上午11點至下午5點及晚上7點30分至晚上10點。

　　我們從艾文斯街的中間轉彎，進入卡佩羅街（Rua Capello），會看到區政府（Governo Civil，此政府階層相當於法國的「大區政府」〔Prefecture〕）。這棟建築物包括總司令部（General Command）和數個警察部門，二樓則是護照辦事處（Passport Office）。

劇院

再往前走一小段，我們會在指揮廣場（Largo do Directorio）看到1792年建造的聖卡洛斯劇院（Theatro de São Carlos），旨在致敬波旁的公主卡蘿塔·喬金納（Princess Carlota Joaquina de Bourbon），建造計畫是由數位里斯本商人和資本家提出的，建築師是若澤·達科斯塔·伊席瓦（José da Costa e Silva）。劇院從該年的12月8日開始建造，6個月之後完成，於1793年6月30日開幕，當時表演的作品是齊瑪羅沙（Cimarosa）的歌劇《芭蕾舞伶情人》（La Ballerina Amante）。

這是一座一流劇院，曾有許多全世界最出色的聲音在這裡表演，例如塔馬尼奧（Tamagno）、加亞雷（Gayarre）、派蒂（Patti）、巴蒂斯蒂尼（Battistini）、邦奇（Bonci）、巴里恩托斯（Barrientos）、卡羅素（Caruso）、蒂塔·魯弗（Tita Rufo）、芮吉娜·帕契尼（Regina Paccini）、法蘭西斯科（Francisco）和安東尼奧·迪安德拉（António de Andrade）等。也曾有許多指揮家蒞臨此處表演，例如聖桑（Saint-Saens）、托斯卡尼尼（Toscanini）、馬斯卡尼（Mascagni）、史特勞斯（Strauss）、李斯特

（Liszt）、馬奇納利（Macinelli）、雷昂卡伐洛（Leoncaval-lo）、維克多利諾·蓋（Victorino Guy）、圖利奧·賽拉芬（Tullio Serafin）等。建築物本身也令人關注，在多個拱門上有一座露臺，這些拱門則成了劇院入口處的屋簷。前廳的天花板曾經是西里洛·沃克馬爾·馬查多（Cyrillo Volkmar Machado）繪製的裝飾，如今只剩下石膏、裝飾和幾個嵌板，上面記錄了著名歌劇首次在此演出的日期，此外前庭還矗立著大理石柱和藝術效果極佳的大理石飾品。

劇院本身是橢圓形的，設計精美又壯觀。所有裝潢都鍍了金，是由曼努·達科斯塔設計，演出時的聲音學表現也同樣卓越超群。劇院裡有五種包廂、寬敞的走道和大量觀眾席，可以在觀眾舒適觀賞的狀況下容納600人。天花板中央懸掛著圓周109公尺的巨大吊燈，上面裝有284盞燈。三樓還有一個裝潢典雅的寬廣大廳。

聖卡洛斯劇院耗資166康多（約36,880英鎊），是根據1816年2月13日被燒毀的同名那不勒斯劇院建造出來的，自1854年成為國家財產。令人遺憾的是，目前劇院中的已不是歌劇團，而是戲劇團。

生活像一齣沒有情節的戲劇，
僅用來娛人耳目 —— 像前後不連貫的舞
蹈，在風中沙沙作響的樹葉，
雲彩裡不斷變化色彩的日光，
以及城市裡蜿蜒曲折的古老街道。

——193. 我是自己的旁觀者，《惶然錄》

詩人廣場

　　現在讓我們走入加勒特街，再前往雙教堂廣場
（Largo das Duas Igrejas）。左側是詩人西亞多（Poeta Chiado）
的紀念像，他是16世紀的修士安東尼奧·杜艾斯皮里
托·桑托（António do Espírito Santo）的名字，人們都稱他
為詩人西亞多，他放棄了自己的修道袍，成為了該時
代喧鬧精神的象徵，轉變成最受歡迎的流行詩人，他
的現存詩作具有很寶貴的價值。紀念像是雕刻家老科
斯塔·莫塔在市鎮議會的命令下所建造的，於1925年
12月18日首次展示。

© Haydn Blackey via Wikimedia commons

詩人西亞多雕像

現在我們走進了**賈梅士廣場**（Praça Luiz de Camões），中間矗立的是賈梅士這位偉大詩人的紀念像，這是雕塑家維克多‧巴斯托士的作品，於1867年首次展示。此雕像是以青銅鑄造成，底座的石雕包括歷史學家費爾南‧洛佩斯（Fernão Lopes）、編年史作家葛梅斯‧伊艾納斯‧德亞祖拉拉（Gomes Eannes de Azurara）、宇宙學家佩德羅‧努內斯（Pedro Nunes）、兩名歷史學家費爾南‧洛佩斯‧德卡斯達聶達（Fernão Lopes de Castanheda）與若昂‧德巴羅斯（João de Barros）、三位詩人傑洛尼莫‧科特雷亞（Jeronymo Côrte-Real）、瓦斯科‧穆辛尼奧‧德克維多（Vasco Mousinho de Quevedo）與法蘭西斯科‧德塞‧德梅內塞斯（Francisco de Sá de Menezes）。這座紀念像高11公尺，坐落在開放空間，四周圍繞著樹木，到了冬天，一群群身上長滿羽毛的訪客會成為這些樹木上的綠葉。

沿著迷迭香街（Rua do Alecrim）往下走一小段，我們會在昆特拉男爵廣場（Largo do Barão de Quintella）看到小說家**艾薩‧德克羅茲**（Eça de Queiroz）的雕像，這是特謝拉‧洛佩斯的作品，於1903年首次展示。大理石製的主要人物像代表了真理——主要人像是一名裸體的女

人，一層薄紗半遮半掩她的身體。在真理的上方和後面是小說家的胸像。雕像底部刻了這位傑出作者說過的話，這句話也是雕塑家的靈感：「幻想的薄紗遮掩著強大而赤裸的真理。」

地震後的卡爾莫修道院

接著，讓我們回到加勒特街，繼續往左上方走，我們會看到就是卡爾莫廣場（Largo do Carmo），這裡曾是**卡爾莫修道院**（Convento do Carmo），是傑出的治安官努諾・亞瓦雷斯・佩雷拉（Dom Nuno Alvares Pereira）於1389年創立，旨在履行他在阿爾如巴羅塔戰役（Aljubarrota）的誓言。佩雷拉在死前已立誓信教，死後葬在此處，而後被轉移到聖文森教堂（Igreja de São Vicente），放置在那裡許多年。1918年3月，他又被轉移到傑若尼莫修道院（Monastery of Jerónimos），然後再次被轉移到第三加爾默羅會（Third Order of Carmelites）的小教堂，也就是他現在的位置。

卡爾莫修道院的教堂十分壯觀。教堂有三個無比雄偉的中殿，大多都被大地震摧毀了。

如今共和國衛隊的中央軍營占據了大半的原修道院建築。現在這棟老教堂和其他相鄰的建築組成了**考古博物館**（Museu Arqueológico），裡面的展品有墓碑、雕像、刻字碑文、徽章、陶器、硬幣等。我們可以細細欣賞以下這些物品：14世紀的洗禮池，國王若昂一世

© Adriano Miguel sm, Barista, via Wikimedia commons

如今卡爾莫修道院依舊保持地震將屋頂震毀的外觀，獨特的造型讓它
成為里斯本的遊客必訪之地。

（King João I）的兒子正是在此受洗的；來自潘赫隆加修道院（Penha Longa convent）的摩爾式洗浴盆；從阿扎莫（Azamor）帶來的石盆；王后瑪麗亞一世的大理石雕像，這座雕像是由若澤‧安東尼奧‧德阿吉亞（José António de Aguiar）在羅馬為了紀念像而製成的，但後來並沒有建立該紀念像；聖拉撒路（São Lazaro）的石製十字架；魯伊‧德梅內塞斯（Ruy de Menezes）、伊莎貝爾‧德利馬（Dona Isabel de Lima）、戈考洛‧德索薩（Goçalo de Sousa）和聖弗雷‧吉爾（São Frei Gil）的墓；傑若尼莫修道院的窗戶；內波穆克的聖約翰（St. John Nepomucene）的雕像；斐迪南國王的墓穴；來自切拉斯（Chelas）和聖艾洛伊（Santo Eloy）的修道院的16世紀**彩繪瓷磚**（azulejos）；被地震摧毀的軍官木製棺木；以及許多硬幣、徽章和其他物品，其中包括兩具木乃伊。主入口有六個拱門構成的門道，是當時最壯觀的入口之一。考古學協會（Archeological Association）目前正是坐落此處。博物館的開放大眾參觀時間是每天上午11點到下午5點30分，週一休館。入場費只要一埃斯庫多 [18]。

---

18 目前營業時間是上午 10 點至下午 5 點，週日休館。一般票價 7 歐元，
學生票價 5 歐元，兒童（14 歲以下）免費。

金碧輝煌的聖洛克教堂

接下來，我們驅車前往位於特林達科艾洛廣場（Largo Trindade Coelho）的聖洛克教堂（Church of São Roque）。這座教堂建於16世紀晚期，建築師是菲力佩·特西。教堂在大地震後經過重建。聖洛克教堂的內部十分引人矚目，尤其是1588年製作的木頭天花板，上面有大理石、各色彩繪磁磚和鍍金鑲嵌作品作為馬賽克裝飾，這些作品的創作者是班托·科艾洛·達西爾維拉（Bento Coelho da Silveira）、加斯帕·迪亞斯（Gaspar Dias）、維艾拉·盧西坦諾（Vieira Lusitano）等人，教堂裡還有數座墓，長眠於此的人包括若昂·德卡斯楚（Dom João de Castro）的兒子安東尼奧·德卡斯楚（Dom António de Castro）（1632年）、法蘭西斯科·蘇瑞茲（Dr. Francisco Suarez）（1617年）、里斯本的第一位宗主教湯瑪茲·德艾梅達（Dom Thomaz de Almeida），以及西蒙·羅德里格斯神父（Father Simão Rodrigues）（1579年），他在葡萄牙建立了耶穌會。

但是這座教堂最重要的特色——不，應該說，最獨一無二的特色，在於這座教堂是**施洗聖約翰堂**

（Capela do São João Baptista），國王若昂五世在羅馬下令建造這座小教堂，教宗本篤十四世（Pope Benedict XIV）在1744年給予祝福，而後在1749年裝設在教堂內部。施洗聖約翰堂不僅以建造材料昂貴而聞名，也以其極高的藝術性而聞名，這是因為或許沒有任何其他地方能和這座小教堂相比。小教堂是由著名的義大利建築師薩爾維・范維特利（Salvi e Vanvitelli）所設計，義大利最著名的教堂類建築也是他的作品。施洗聖約翰堂找了當時最傑出的藝術家，包括雕塑、馬賽克、金屬鑄造等方面的藝術家都包括其中。

施洗聖約翰堂是一件非常偉大的藝術作品，應用了大理石和青銅：大理石包含了各種色調，青銅則被鑄造成了形形色色的裝飾品、徽章、王室武器、花押字等。這座小教堂是個藝術奇蹟，使用了最多樣化也最美麗的義大利石材，整體來說讓人們永遠記住了這位葡萄牙國王——他很清楚要如何成為藝術家。

除了入口處的拱門和告解室之外，莫雷第（Moretti）依據馬薩喬（Massucci）的草稿製作出來的《基督的洗禮》（The Baptism of Christ）、《五旬節》（Pentecost）和《聖母領報》（Annunciation）也非常值得遊客欣賞，這些作

品都是用馬賽克拼成的。側門和門廊也同樣美麗，毫不遜色。

具有藝術美感的旅客也可以多加注意華麗的枝形大燭臺，這些傑作是以銀和青銅製作而成，創作者包括西蒙尼・米利耶（Simone Miglie）、理查尼（Ricciani）和皮卓・維爾夏菲特（Pietro Werschaffelt），此外，遊客也可以欣賞祭壇上以六座燭臺和鍍金青銅十字架組成的作品。

現在，我們要轉彎前往與教堂相鄰的博物館。這裡是我們剛剛參觀過的那座小教堂的一部分，裡面的各種家具和裝飾品都是無價之寶。這裡有香爐、聖物箱、十字架等物品，這些貴金屬製品的華麗程度是其他國家望塵莫及的。請旅客也不要忽略了此處的兩個巨大銀製雕火炬架，它們是著名的朱塞佩・加利亞迪（Giuseppe Gagliardi）的傑作，至今只離開過這座博物館一次：這兩座燭臺曾出現在命運多舛的共和國總統西多尼奧・派斯博士（Dr. Sidónio Pais）的葬禮上，派斯博士在1918年12月14日晚上正準備搭乘北方特快車時，在羅西歐火車站的上層樓遭到暗殺。這兩個火炬架各自的重量大約是380公斤，高2.85公尺。

施洗聖約翰教堂的造價高達22萬5,000英鎊，以黃金鑄幣支付，這個金額在任何時候都算得上非常高，在建造時更是如此。

雖然博物館只會在每月的最後一個星期日開放社會大眾參觀，但只要向教會申請授權，就可以在任意一天來參觀。教堂裡的介紹手冊是由蘇薩‧維泰博（Souza Viterbo）和R‧文森‧德艾梅達（R. Vicente de Almeida）撰寫。

將里斯本盡收眼底

我們走出去之後右轉，再往前走一點，會看到一條濱海道路，聖佩羅德阿坎塔拉（São Pedro de Alcântara），我們可以從這裡看到很大一部分的里斯本，是全市最美麗的景觀之一。從這裡可以看到里斯本東側的數個山丘——城堡山丘（Castello）、恩典山丘、山上聖母丘、潘赫德法蘭薩山丘（Penha de França）——以及這座城市的下半部，再向前一些就是寬闊平靜的河流，可以從南岸直達巴來羅（Barreiro）、阿科查提（Alcochete）等地。夜景也同樣美不勝收。這條種滿樹木的濱海大道上有一座為了記者愛德華多·科艾洛（Eduardo Coelho）建立的小紀念像，離開這條路，沿著石階往下走，我們來到了濱海公路的下層——一座麗的花園，裡面有外來樹木、雕像、池塘和一座公共圖書館。這是個非常適合休息和冥想的地點。

植物園、理學院與動物博物館

沿著佩德羅街昆圖街（Rua D. Pedro Quinto）前進，我們很快就會在里約熱內盧廣場（Praça Rio de Janeiro）看到另一座花園，精心規劃與悉心照顧使得這裡成為了里斯本最好的一座花園之一。花園裡種植了許多上好的樹木，其中最引人注目的是一棵茂密的雪松，它的枝椏搭在鐵架上，樹蔭下方可以容納數百人。在這棵優美的雪松樹下有另一座公共圖書館，這是市鎮議會建設在花園中的六座圖書館之一，這都要歸功於議會成員亞歷山大・費雷拉（Alexandre Ferreira）的絕妙構想，他希望能在里斯本的多座花園中建立圖書館。左側矗立的紀念像旨在紀念著名記者法蘭薩・波赫士（França Borges）。這座紀念像的創作者是雕塑家馬克西米亞諾・艾維斯（Maximiano Alves），他把數塊粗糙的石頭堆疊起來，右側有一名象徵共和國的女性雕像，溫柔地看著這位傑出宣傳家的臉。這座紀念像在 1925 年 11 月 4 日首次展示，在那之後，花園的名稱正式成為了這位民主黨人士的名字。

接著向前直走，我們在右側看到的建築是過去的

理工專科學院（Escola Polytechnica），如今變成了理學院（Faculty of Sciences）。這棟建築在1844年建設在屬於耶穌會見習生住處（Novitiate of the Society of Jesus）的土地上。與學校相鄰的其中幾棟建築物裡設立了動物博物館（Museu du Bocage）。這座博物館十分值得參觀，裡面展示了一些很特殊的動物。葡萄牙廳（Sala Portugal）中有一些不同尋常的魚類，其中一條奇怪的魚身長8.4公尺，寬3.6公尺，是卡洛斯國王在阿爾科廣場（Paço d'Arco）捕獲的。這裡還有一隻在佩尼謝海灘（Peniche coast）捕獲的巨大陸龜。參觀完葡萄牙廳之後，可以前往葡萄牙屬非洲廳（Sala de Africa Portugueza），裡面的珍貴收藏極為多樣化且重要；哺乳動物廳，裡面大量展示了來自世界各地的動物；此外還有鳥類廳、無脊椎動物廳、骨骼廳等。這裡的展品包括哺乳動物、鳥類、爬行動物、魚類等，數量超過20萬隻，昆蟲則超過50萬隻。當然，我們也不能忘記博物館的大量貝殼收藏。

由於這座建築物正在進行大規模維修工程，因此沒有適合旅客的明確參觀時間；但若遊客能向正確的單位提出要求，就能在每天下午12點30分至6點30分參觀此地點。

動物博物館位於這棟建築物的二樓；一樓則是植物博物館和地質與礦物博物館。地質與礦物博物館的展示十分卓越，其中最有趣的展品之一是一塊非常巨大的自然銅，部分表面是赤銅礦，重達1,224公斤，這塊自然銅來自卡蘇厄拉鎮（Cachoeira）旁的馬莫卡博河（Mamocabo stream），距離巴西120公里，在1792年被帶到了葡萄牙。

這座建築旁邊就是一座花園，是全里斯本最美麗的花園之一，甚至有許多外國人說過這是全歐洲最美麗的其中一座花園，裡面種植了來自世界各地的植物。這座花園位於斜坡上，這是它的重要特點之一，花園的設計充分利用了斜坡的特性，使得各種隨處可見的植物都達到了最佳觀賞效果，整體看來如同伊甸園般光彩奪目。花園裡有許多池塘、瀑布、溪流、橋樑、迷宮等建設，還有一間精緻的溫室。高處則有一棟以路易王子（Infante Dom Luiz）命名的氣象觀測站，還有一棟天文臺。

旅客若直接穿越花園的話，可以從低處的門離開花園，抵達歡慶廣場（Praça da Alegria），前往自由大道；不過我們要走的是另一條路，我們要從理工專科街

（Rua da Escola Polytechnica）離開，自國家印刷局（Imprensa Nacional）前方經過，雖然印刷局的建築看似平凡無奇，但龐大無比，非常適合其用途。排字印刷部門與鑄字部門都設置得十分妥當。所有官方刊物都是在這裡印刷的。由於國家印務局（The Imprensa Nacional）的現任首長能力傑出，所以印務局在近幾年有了很大的進步。建築物裡的部分油畫曾經屬於視障拱門街區（Arco do Cego）的文學之家（Casa Literaria），此外，裡面還有一座藏書量數千冊的圖書館。

愛德華七世公園

　　我們繼續前進，經過聖馬梅迪廣場（Largo de São Mamede），右側是帕米拉公爵（Dukes de Palmella）的宮殿，接著我們抵達了巴西廣場（Praça do Brasil）19，有許多電車都在這座廣場相交。離開廣場後，我們沿著聖菲利普內瑞街（Rua de São Filipe Nery）走進砲兵一號街（Rua de Artilharia Um），左側曾是第一砲兵（First Artillery）的軍營，這條街就是以軍營命名的，現在使用該軍營的是共和國衛隊。右側則是占地廣闊的愛德華七世公園（Parque Eduardo VII）。1917年12月5日，西多尼奧·派斯正是在這裡與駐軍里斯本的數個軍團合作，推翻了由諾頓·德馬托斯（Norton de Mattos）擔任國防部長（Minister of War）的「民主」政府。由於此處能掌控里斯本與太加斯河，所以許多較小型的重要革命活動也選擇把這個戰略地點當作起始點。

19　該廣場所在幹道原名為拉托路（Rua do Rato），1910年廣場更名為巴西廣場，1948年廣場在都更過程中拆除或整合到其他都市結構中，並改回原名「拉托廣場（Largo do Rato）」。其所在位置為里斯本市中心的拉托區（Rato），此區是里斯本的商業區以及歷史文化景點，人口稠密。該地目前依舊是地鐵、公車等公共運輸的樞紐位置。

接著我們走進了弗隆泰拉侯爵街（Rua Marquês da Fronteira），路經過去的監獄（Penitenciaria），如今則被稱為里斯本國家監獄（Cadeia Nacional de Lisboa）。這座建築是由工程師里卡多・胡利奧・費拉茲（Ricardo Julio Ferraz）設計，在1874年開始建造。正面的中央矗立著兩座塔樓，建築物內部則是由多棟長型建築組合成的星形，這些建築在中央交會，方便監獄管理察看。這是一座很巨大的建築物，包括474間牢房，還有22間病房、12間懲戒室與26間工藝工作坊，其中有部分工作是由其他重要公司負責。監獄裡有一個部門會把工作坊的商品銷售給社會大眾。這裡還有一個十分奇異的博物館，裡面有各種罪犯使用過的、各式各樣的怪異武器，從步槍和卡賓槍到各種刀具，以及並非為了奪取生命而設計的工具。遊客可以在週日的早上9點至中午參觀這座監獄，不過，若想要在其他日子參觀，只要來到這棟建築申請許可即可，參觀申請很容易通過。

©Paulo Juntas via Wikimedia commons

「里斯本國家監獄」已更名為「里斯本監獄(Estabelecimento Prisional de
Lisbo ... 可容納1300名犯人,仍在運作中,預計將在2026年關閉
目前只 ... 給犯人的親友依規定進行訪視,並不開放遊客參觀。

91

既然都已經遊覽這裡了，遊客就絕不能錯過里斯本最好的娛樂場所之一：我們先前提到的愛德華七世公園，它就坐落在里斯本國家監獄前的一片廣闊土地上。公園溫室是一個無比傑出的景點，里斯本應該引以為傲，奇怪的是首都有一部分人口非但不去參觀，甚至忽略了它的存在。可是這個幾乎不為人知的角落其實是個心曠神怡的奇觀，大自然在此展示了她精選的觀賞植物，也有許多謙遜的藝術家運用他們的藝術才能，以精緻的綠色植物與花朵讓我們大飽眼福。這間溫室裡有數千株外來植物，價值難以估算。溫室的開放時間在週日和國定假日是早上8點至晚上7點，入場費是一埃斯庫多。平日的開放時間則是上午8點至下午5點，可免費入場。

© Renata Martins via Wikimedia commons

但是城市裡的公園，有用且有序，
對我而言如同牢籠一般，那些五顏六色
的花草樹木，僅僅有足夠的空間生存，
卻沒有空間逃離，它們只擁有美麗，
卻不擁有美麗的生命。

——67. 公園，《惶然錄》

阿瓜里弗渡槽

　　現在讓我們回到同一條街道上，向左轉，前往坎波利德街（Campolide），印入眼簾的是阿瓜里弗渡槽（Aqueducto das Aguas Livres），這是一座十分宏偉的古老工程，至今仍令人嘖嘖讚嘆。高架水渠其實是一項規模巨大的工程，其分支總長59,838公尺（將近40英里），其中有4,650公尺位於地底。水渠有109個石拱，137個通氣井。最重要的一段水渠穿越了坎波利德街並橫越

阿瓜里弗渡槽

了阿坎塔拉河（Alcantara），這一部分水渠長941公尺，包含35個石拱，中央石拱的總高度是68.29公尺，寬28.86公尺。

　　這座高架水渠是具有極高紀念意義的葡萄牙建築，也可能是歐洲最傑出的一座水渠，外國人一直以來都十分關注這座建築，並對此讚不絕口，它確實也值得這些讚美。水渠從1729年開始興建，耗費了20年建造完成。這項工程由曼努‧德麥亞（Manuel da Maia）與庫斯托迪奧‧維艾拉（Custodio Vieira）合作完成，共花

費1,300萬克魯札多（Cruzado）——也就是將近150萬英鎊，這在當時算是非常巨大的一筆金額。水渠上方的通道過去曾公開讓大眾進入，後來在此處發生了幾次自殺和犯罪事件，便因此關閉了。不過，我們如今仍可以在警衛的允許下前往上方的通道參觀。也正如遊客所預料的，從上方放眼遠望的景觀令人嘆為觀止。

我們已經從正面欣賞完水渠的景觀了。在水渠的後方最尾端是蒙桑托山（Serra de Monsanto），這座山丘上有一座堡壘，現在用作監獄和葡萄牙本土的主要無線電站。接下來，我們沿著塔博達將軍街（Rua General Taborda）轉彎往下走，再沿著費雷拉查維斯街（Rua Ferreira Chaves）向下，可以在途中欣賞水渠與蒙桑托山的側面。

醫院、墓園、教堂

　　接著我們走上安塔斯伯爵街（Rua Conde das Antas），順著桑樹街（Rua das Amoreiras）往下前進，直到在右側看見席瓦卡瓦略街（Rua Silva Carvalho）。沿著這條街向前走，抵達街尾後便會來到艾斯特雷拉街（Rua da Estrella），我們會在這條街的起點看到英國公墓（British Cemitery[20]）和英國醫院（British Hospital）。如果我們向右轉走上薩萊瓦德卡瓦略街（Rua Saraiva de Carvalho），再穿越費雷拉波赫士街（Rua Ferreira Borges）的話，我們將會從上方俯瞰德國公墓（German Cemitery）與更遠處的景觀，最遠處是喜樂墓園（Prazeres Cemitery）。如果我們在兩條街的交叉口向左轉，便會向下走到艾斯特雷拉廣場（Largo da Estrella）。不過，如果我們沿著艾斯特雷拉街往回走，會抵達艾斯特雷拉花園（Jardim da Estrella）的側門，這是全里斯本照料得最好的花園之一。這座花園在1842年開幕，裡面有許多美麗的外來植物、大量池

20　佩索亞在本書中似乎有將 cemetery 拼寫為 cemitery 的習慣，有可能是受到葡萄牙語 cemitério 的影響。本書一概保留原拼寫法。

塘、一個天然洞穴、多間溫室、一座露天圖書館、一座茅草棚架、兒童遊樂設施、餐飲服務、人工山丘、雕像與博爾達洛・皮涅羅製作的藍瓷動物（delft animal）。花園裡的雕像包括老科斯塔・莫塔的《挖掘者》（The Digger）、小西莫斯・德艾梅達的《甦醒》（Awaking），以及小科斯塔・莫塔的《養鴨的國王之女》（King's Daughter Keeping Ducks），以及瑪麗亞・達葛羅利亞・里貝羅・達克魯茲（Maria da Gloria Ribeiro da Cruz）的《噴泉》（The Fountain）。

花園旁邊是軍事醫院（Military Hospital），這是一棟曾屬於本篤修會（Benedictine Friars）的美麗大型建築。

花園主要入口的對面是艾斯特雷拉大教堂（Basílica da Estrela），這座宏偉的大教堂是由瑪麗亞一世下令建造，旨在向耶穌聖心（Coração de Jesus）祈禱。大教堂的興建時間是1779年至1790年，建築師是馬修斯・維森特（Matheus Vicente）和雷爾多・曼努（Reynaldo Manuel）。

艾斯特雷拉大教堂的正面有數個精巧的壁龕和雕像，還有兩座設計雅致的鐘樓與大時鐘。教堂頂部是一座廣闊的露臺，遊客可以從這裡欣賞到開闊的城市景觀。但能夠看到真正美景的地點不是露臺，而是露

臺後方的圓頂，我們可以爬上241階來到圓頂。圓頂最上方的長廊能看到幾乎全里斯本的現代建築，還可以看到太加斯河最寬廣的河道和南岸最重要的幾座村莊。

教堂的內部也值得一看。裡面有馬查多‧德卡斯楚製作的雕塑和龐佩奧‧巴托尼（Pompeo Batoni）繪製的畫作，雕塑與畫作的主角是創建這座大教堂的女王的妹妹瑪麗亞‧貝內迪塔公主（Princess Maria Benedicta）和瑪麗亞娜公主（Princess Mariana）。教堂裡還有瑪麗亞女王的墓和教宗保祿六世（Pope Pius VI）贈送的禮物：在1791年從羅馬地下墓穴帶來的兒童木乃伊。

大教堂右側有數座建築，其中一座裡面是大地測量總局（Head Geodesical Department），還有幾棟屬於我們先前提到的軍事醫院。

艾斯特雷拉大教堂

❧ 皇家宮殿 ❧

　　我們現在要沿著內塞西達迪巷（Calçada das Necessidades）向下走，穿越里瓦斯廣場（Largo do Rilvas），抵達內塞西達迪宮（Palácio das Necessidades），多位葡萄牙國王居住過這座大型宮殿，此處也曾接待過許多外國領袖。這棟宮殿建於1745年，建築師是卡塔諾・湯姆茲・德索薩（Caetano Thomaz de Sousa），只花了五年的時間就建造完成。卡洛斯國王和他的女王奧爾良的阿梅莉雅（Dona Amélia de Orleans）曾住在此處，而後入住的是曼努國王。共和國成立後，宮殿中的多數珍貴物品都被送到了古藝術博物館（Museum of Old Art）與其他宮殿，但此處仍有許多值得一看的事物：繪畫、肖像、鑲嵌作品、金銀工藝品、小聖堂（裡面有朱斯帝〔Giusti〕和若澤・德艾梅達製作的雕像以及各種家具和裝飾品）、美輪美奐的花園，以及充滿外來樹木、灌木、溫室、池塘、雕像等裝飾建設的寬廣草地。

　　外交部在共和國成立後搬遷至內塞西達迪宮的前半部，而使用宮殿後半部的是第一師的首要軍營，入口在里瓦斯廣場。

我們現在要往阿坎塔拉河的方向往下走，穿過鐵路，再沿著塔帕達巷（Calçada da Tapada）向上，來到阿茹達圍場（Tapada da Ajuda）21 的入口。汽車入場費是1.5埃斯庫多，馬車1埃斯庫多，機車與馬匹50分錢，單人入場費則是30分錢。入口處擺放著農學家費雷拉・拉帕（Ferreira Lapa）的半身像。塔帕達最高處的建築是高等農業學校（Higher Agricultural Institute），我們可以從這裡看到太加斯河的沙洲、內塞西達迪公園（Necessidades Park）、喜樂墓園等。塔帕達內還有國家農業博物館（National Agricultural Museum）與天文臺（Astronomical Observatory），後者是國王佩德羅五世（King Pedro V）在1861年成立的。

　　我們從卡薩利尼奧站（Sitio do Casalinho）的出入口離開圍場，先往下走，再向上走到阿茹達宮（Palácio da Ajuda）22，這棟龐大的建築不具有建築技術上的重要性，不過仍值得一看。宮殿正面寬而樸實。前廳有數

---

21 該圍場屬於後文所提阿茹達宮的獵場與後花園。
22 該宮殿目前作為博物館的用途，收藏了許多過往葡萄牙王室的皇家寶物，博物館門票為八歐元。此處也是葡萄牙國家元首進行重要國事活動的場所，例如舉辦國宴、接見外國元首……等。

座以寓意形式呈現的小型雕像，創作者是馬查多・德卡斯楚、德巴羅斯（Joaquim José de Barros）、阿馬圖奇（Amatucci）、福斯蒂諾・若澤・羅德里格斯（Faustino José Rodrigues）、G・維加斯（G. Viegas）和若澤・安東尼奧・德阿吉亞。畫作的創作者則是維艾拉・波圖恩塞（Vieira Portuense）、多明哥斯・塞奎拉等人。

宮殿內部值得我們投注更多注意力，裡面有精緻的家具、各種優秀的青銅器、瓷器等作品，以及價值極高的繪畫與掛毯。還有精美的雕像、鏡子、吊燈、藝術時鐘、地毯、窗簾，以及尺寸較小但十分吸引人的大量裝飾品。其中有兩間房間特別值得一看：薩克斯室（Sala de Saxe），裡面的牆壁、天花板、家具等事物全都和用以命名這個房間的著名人物有關，而大理石室（Sala de Marmore）裡的所有東西、牆壁、地板和天花板都是用大理石製成的。

這座重要建築是由建築師法布里（Fabri）從1802年開始設計，遊客可以在申請許可後進入參觀。宮殿的建築時間極長，事實上，工程至今尚未真正結束，有不少原始設計都經過了改動。曾經住過這裡的人包括葡萄牙王國的攝政王伊莎貝爾・瑪麗亞（Dona Isabel Ma-

阿茹達宮富麗堂皇的內部景象

ria），以及在這裡被封為絕對國王（absolute king）的米格爾。西班牙的卡洛斯（Carlos）曾於1833年在此過夜，葡萄牙共和國宣布建立時，王后瑪麗亞‧皮亞（Queen Maria Pia）和阿方索王子也住在這裡。

一樓是龐巴爾侯爵資助的圖書館，而傑出的歷史學家亞歷山大‧赫庫拉諾（Alexandre Herculano）和著名作家拉馬略‧歐特高（Ramalho Ortigão）是所有圖書館員中最引人注目的。圖書館的館藏大約2萬4,000冊，包括許多歷史文件、羊皮紙文稿、宗教原稿與外交原稿等。

我們沿著阿茹達巷（Calçada da Ajuda）往下前進，會在右側看到阿茹達植物園（Jardim Botanico da Ajuda），這座植物園是根據龐巴爾侯爵的命令所建造。裡面仍有1811年種下的樹木。這座植物園風光明媚，占地3公頃（約9英畝），此處的地理位置能讓遊客欣賞到太加斯河的美景。園裡有一棵樹齡約兩百年的樹，樹蔭周長是42公尺。裡面還有許多池塘、雕像以及照顧得很好的溫室。遊客可以在獲得許可後進入植物園參觀。

沿著植物園街（Rua do Jardim Botanico）前進，我們會在街尾的廣場看到紀念教堂（Igreja da Memoria），這是國

王若澤一世下令建造的教堂，旨在紀念他於1758年在此處避開了一次謀殺。

這座教堂是建築師若昂・卡洛斯・畢比納（João Carlos Bibiena）設計，全部採用磚石和加工大理石。此處的高聖堂有一幅佩德羅・亞歷山德諾繪製的畫作，影射了當年的謀殺案。1923年，龐巴爾侯爵的遺體從梅塞斯教堂（Mercês Chapel）被送到了這裡。

傑若尼莫修道院

　　再繼續前進數分鐘後，我們眼前出現了一座偉大的紀念建築：**傑若尼莫修道院**（Monastère des Jeronimos）。這是一座石頭製成的傑出建築，所有遊客只要進入參觀，絕對會對此永難忘懷。事實上，這座修道院是全里斯本最引人注目的一座紀念建築。國王曼努一世在1502年下令開始興建，建築師是博伊塔克（Boytac），他在葡萄牙還設計了不少類似的其他建築。

　　側門應用了豐富的建築技巧，所有人都對在看到時感到既詫異又愉快。這座石製建築令人嘖嘖稱奇，充滿了壁龕、雕像、浮雕、武器和徽章，其中最著名的兩件物品是航海家亨利王子（Prince Henry the Navigator）的雕像，以及建築物頂端的貝倫聖母（Our Lady of Belem，Belem也就是伯利恆），聖母後方是裝有圍欄的窗戶。整體來說，這座紀念建築的大門具有一種精緻和諧、深厚又柔和的宗教性，讓我們不禁想到塑造和完成這件作品的絕妙雙手。當時葡萄牙境內有許多國內外最傑出的石藝大師，他們在傑若尼莫修道院這一類的傑作中留下了自己的作品痕跡。

據說該修道院的修女發明了著名的葡式蛋撻。另外，佩索亞在撰寫本手冊時，應該沒有想過在自己逝世50年後，會因其文學成就而在修道院迴廊中立碑紀念。

　　修道院的西側外牆建於1517年，設計者是著名的法國藝術家尼古拉斯‧尚特雷納（Nicholas Chanterene），他率先在葡萄牙建設文藝復興建築。西側外牆宏偉壯觀，展現了卓越的設計者當時擁有的大量資源。在外牆的所有細節中，包括拱門、邊框、盾牌、徽章、放置了雕像的大大小小壁龕、反應了當時的柔和神秘主義的各種人物和裝飾，全都能讓人感覺到無比精湛的

比例和藝術效果。除了側邊的兩個壁龕之外，上方還有另外三個壁龕，裡面的雕像主題是耶穌的誕生、聖母領報和三賢士朝聖。在另外兩個壁龕中，曼努國王和瑪麗亞女王在施洗聖約翰和聖傑羅姆（St. Jerome）的保護下屈膝而跪。裝飾品的精巧多變、雕像的放置位置、壁龕的邊框——這些細節全都是由技術高超且細心的師傅設計並製作出來的，往後的世世代代都會感謝他們雕琢出來的絕美作品。

　　進入修道院後，我們首先要去參觀左側的施洗聖堂（Capella do Baptismo），暫放於此的是若昂・德烏斯（João de Deus）和阿爾梅達・加勒特（Almeida Garrett）的骨灰甕，之後將會放到西多尼奧・派斯的遺體旁的告解室。這兩間告解室位於前方的牆壁凹槽中。來到岔路時，我們的左手邊是阿爾梅達加勒特聖堂（Almeida Garrett Chapel），在這座聖堂的上半部長眠的是大主教恩里克（Cardinal Dom Henrique），他曾是葡萄牙國王，聖堂左右兩側則是國王曼努一世的九個孩子。中央的地面上是路易・菲利普王子（Prince Luiz Filippe）在1905年12月9日鋪設的第一塊石頭，以此標記阿爾梅達・加勒特的目的位於此處，這座聖堂正是以此命名。共和

國總統西多尼奧‧派斯博士的遺體在1918年12月21日曾停放此處，當時有數千人跟著遺體來到修道院，場面令人動容。遺體接著被轉移到施洗聖堂，而後轉移至岔路算起的第四間告解室，至今仍存放於此。

我們的右側是教堂附屬小堂，以美麗的建築結構與繪畫而聞名。回到教堂內部，我們會找到聖傑羅姆聖堂（Chapel of St. Jerome），聖傑羅姆是以釉質陶瓦製成，創作者是著名的盧卡‧德拉羅比亞（Lucca della Robbia）。據說西班牙國王腓力二世（Philip II of Spain）看見這幅畫時，因為聖傑羅姆的表情維妙維肖而驚呼道：「你怎麼不開口跟我說話呢，傑羅姆？（No me hablas, Hieronimo?）」

接下來讓我們一起欣賞工藝驚人的宏偉講道壇，再來是高聖堂，在福音書那一側長眠的是國王曼努一世與其王后瑪麗亞‧費爾南達（Maria Fernanda）。在使徒書那一側長眠的則是曼努一世的兒子國王若昂三世與其王后卡斯提爾的卡塔林娜‧菲利帕（Catarina Filippa, of Castile），兩人的墓是用艾斯特雷莫茲（Extremoz）的大理石製成，下方的兩隻大象各自用一整塊大理石雕刻而成，象牙則是用來自印度的第一批象牙製成。高聖

堂的整個壁龕都覆蓋了一層銀，這些銀是佩德羅二世（Pedro II）還是王子時在1675年提供的。壁龕的創作者是吉爾‧維森特。壁龕上方有多幅華美的圖片。

我們繼續參觀教堂，在阿爾梅達加勒特聖堂（Almeida Garrett Chapel）前看到路易‧德卡莫斯（Luiz de Camões）和瓦斯科‧達伽瑪的墓，這是1894年在雕塑家柯斯塔‧莫塔的指導之下建成的。這座聖堂的上半部是國王塞巴斯蒂安（King Sebastian）的墓，兩側則是國王若昂三世的孩子和國王曼努一世的孫子。在國王塞巴斯蒂安陵墓的左側壁龕中，是聖加百列（St. Gabriel）的雕像，這座雕像屬於德斯特羅聖母教堂（Chapel of Nossa Senhora do Desterro），是瓦斯科‧達伽瑪使用他前往印度時指揮的船艦帶回來的。位於十字架上方的拱頂是令人讚嘆的工藝作品，其中包括了前往印度與巴西的船艦所使用的青銅鎖。整間附屬小堂內部都打造得極為細緻，充滿了精美絕倫的美麗浮雕。連用來支撐拱頂的柱子也毫不遜色。附屬小堂的中央柱值得我們細細花時間觀察。穿越附屬小堂後，我們可以前往大廳與廊道，這兩者同樣也有許多值得欣賞之處。

如果想要把傑若尼莫修道院完整參觀完的話，必

定會花很長一段時間。我們應該仔細察看修道院中的所有美麗事物：所有細節工藝、雕像、陵墓、柱子、拱門（尤其是那些沒有柱子支撐的耳堂〔transept〕）、繪畫、大廳（可以從這裡看到絕大部分的教堂內部）、迴廊（這是全球最精美的迴廊之一）、聖堂廳（Chapter House，裡面有亞歷山大・赫庫拉諾與著名詩人蓋拉・榮格羅〔Guerra Junqueiro〕的墓）、舊加利利廳（Galilee，過去是宿舍）、基督聖堂（Chapel of Christ）等。

修道院的西側是皮亞之家（Casa Pia），該組織成立於1780年，在1833年遷址至此處。皮亞之家的收入來自過往資產與彩券的部分收入。皮亞之家有將近800名住宿生，他們在這裡學習各種專業技能，同時皮亞之家也提供補助給已經開始工作但收入還不足夠的人，以及就讀大學或技術學院的人。這是里斯本最古老且管理最完善的教育慈善機構之一。

民族學博物館（The Museu Ethnologico）位於修道院的最後一側，平日開放時間是上午11點至下午5點，週一休館，這座博物館在1893年成立，在1903年搬遷至此。裡面的收藏具有極高的考古學、人類學和民族學價值。

© Velvet via Wikimedia commons

本書作者佩索亞在傑若尼莫修道院迴廊中的紀念碑。

Lisbon

貝倫塔

接下來，我們的車加速穿越巴多羅謬迪亞斯街（Rua Bartholomeu Dias），轉彎沿著薩烏德巷（Travessa da Saúde）向下前進，穿越鐵路，經過成功要塞（Bom Successo Fort）正面，在接近貝倫塔（Torre de Belém）的地方下

貝倫塔

車。貝倫塔無疑是里斯本最壯麗的紀念碑之一，也是最能表現葡萄牙過去的軍事力量和海軍力量的建築之一。這座東方風格的建築奇觀所在地是雷斯泰羅海灘（Praia do Restello），這裡是地理大發現（Great Discoveries）的出發點，並因此聞名遐邇。貝倫塔是由國王曼努一世下令建造，旨在保護這條河與葡萄牙首都。這座塔建在河道之中，是由「花邊」建築大師法蘭西斯科·德亞魯達（Francisco de Arruda）設計，始建於1515年，在六年後完成。而後河流水面逐漸下降，使貝倫塔和陸地相連接。波多主教（bishop of Porto）羅德里格斯·達庫尼亞的父親佩德羅·達馬雅在此逝世，他因為支持克拉圖修道院[23]院長——這位在西班牙統治初期稱王的王位覬覦者，而被囚禁於此。這裡還曾監禁過許多葡萄牙王國的高階貴族。

從外表看來，貝倫塔是一顆壯麗的寶石，陌生遊客在看到它的奇特之美時會感到訝異，並越來越欣賞它。貝倫塔上滿是精美的石雕花邊，細緻無比，遠遠

23　Prior of Crato，耶路撒冷聖約翰騎士團（Order of the Knights of St. John of Jerusalem，又稱 Knights Hospitaller。

望去閃爍著白光，瞬間就能吸引住河口船隻上的乘客。貝倫塔的內部也同樣美麗，遊客可以從陽臺和露臺看到令人難以忘懷的河流和遠處的海景。

穿越吊橋後，我們來到專門為槍枝設計的貝倫塔2樓。我們可以從此處的柵欄想像牢房的樣子，這些窄小的開口只能提供微不足道的光線。此處共有5個地下牢房，已經很長時間沒有人進入過，遊客沿著石階往下走35階就能抵達。這些牢房在過去曾是火藥庫。

3樓曾是軍械庫和辦公室；4樓是王室大廳（Sala Regia），有一座華美的陽臺以及設計精緻的柱子；5樓是餐室，遊客可以在餐室外的地板上看到許多孔洞，過去人們會在貝倫堡遇襲時把熔融的鉛倒進裡面製作彈藥；6樓曾是法庭，此處在不久曾前放置了一座紀念像，紀念加戈・庫提尼歐（Gago Coutinho）和薩卡杜拉・卡布爾（Sacadura Cabral）在1922年從里斯本飛到里約熱內盧的創舉。7樓是頂樓露臺，只要爬上123階階梯即可抵達，遊客一定能想像得到露臺的景色有多美。

我們現在要開始往回走。我們沿著河岸，穿越海軍航空中心（Naval Aviation Centre）建造的碼頭，經過傑若尼莫修道院的前方，很快就來到了阿方索・德・阿

布奎基廣場（Praça Afonso de Albuquerque），這個廣闊的空間有許多綠地，中間矗立的紀念像是偉大的歷史人物**阿方索・德・阿布奎基**（Afonso de Albuquerque）[24]，他是印度最傑出的總督，也是現代帝國主義政策的創始人。這座紀念像是運用歷史學家盧茲・索里亞諾（Luz Soriano）的遺產建造的，採用曼紐林風格，非常高。雕像基座有四個位於下方的浮雕，象徵了摩爾人在麻六甲（Malaca）的失敗、接待納辛加國王（Kings of Narcinga）的大使、阿布奎基對金錢交易的回答，以及交付果亞（Goa）的鑰匙。四個位於上方的浮雕則包含了卡拉維爾帆船、大帆船與其他人像。在高聳的柱子頂端矗立著偉大總督的銅製雕像。這座雕像是在軍火庫鑄造的。紀念像的創作者是建築師席瓦・平托（Silva Pinto）和雕塑家科斯塔・莫塔，於1902年首次展示。

　　1759年，貴族塔沃拉家族（Tavora）就是在此處的河岸邊遭到刑求與處決的，原因是密謀殺害若澤國王，其他牽涉密謀的人也同樣在此受刑。

24　被稱作「東方凱薩」、「海上雄獅」以及「葡萄牙戰神」，當葡萄牙開始在全世界建立殖民地國時，他在印度洋立下了赫赫戰功，並擔任印度殖民地的總督。

貝倫宮的馬車

接著，我們繼續往阿方索・德・阿布奎基廣場的左側前進，**貝倫宮（Palácio Real de Belem）**矗立在此處，如今這裡成為了共和國總統的正式住處。貝倫宮曾是瑪麗亞二世（Queen Maria II）的居所，而後卡洛斯國王也在此居住，當時他還是王太子，剛和奧爾良的艾梅莉雅結婚。多位外國首領在造訪葡萄牙時在此下榻，包括英國國王愛德華七世（Edward VII）、西班牙國王阿方索八世（Alfonso XIII）、德皇威廉二世（Kaiser William II）、法國總統盧貝（Presidents Loubet, of France）、巴西總統赫姆斯・達馮塞卡（Hermes da Fonseca, of Brazil，他正好在葡萄牙宣布成立共和國時造訪），除了首領之外，曾在此留宿的還有阿圖里亞斯王子（Princes of Asturias）和薩伏依的阿瑪迪奧（Amadeus of Savoy）、巴黎的多位伯爵（Counts of Paris）、伊歐伯爵（the Count d'Eu）、奧爾良的多位公爵（Dukes of Orleans），以及許多他國的王室成員。

宮殿裡有布置豪華的客房，裡面裝飾了科倫巴諾、馬霍亞、萊安德羅・布拉加（Leandro Braga）、若

昂·瓦斯等人的畫作，後方還有一座照顧良好的花園。殖民地花園（Jardim Colonial）位於宮殿牆內，而宮殿南側是馬車博物館（Museu dos Côches），這座奇特的博物館是王后艾梅莉雅在1905年提議建立的，裡面收藏了62輛精美的馬車、王室的制服和裝飾、王室船艦的船員制服、挽具、馬蹬、馬刺、鈕扣、印刷品、肖像等。這裡的展示更勝於位於凡爾賽（Versailles）和馬德里（Madrid）的同類型博物館，展覽中有大量展品來自17、18世紀的葡萄牙。目前有部分馬車收在庫房，要等到新的陳列室提供足夠空間後才會展出。目前的實際展品如下：

前廳：海角聖母（Senhora do Cabo）的四輪禮車，人們用這輛戰車把聖母像運到艾斯皮切爾海角，車上有銀製的提燈和火炬架；路易十五與路易十六風格的三座轎子，上面裝飾了精美的繪畫；一個用木頭與鐵製成的人形靶（estafermo），上面裝了盾牌和長劍。過去人們會在比賽中使用人形靶這種裝置來決定馬匹的速度和騎士的技巧。前廳還展示了戟、長槍、盾牌、挽具和馬鞍布。

大廳的長寬是47公尺與14公尺，由法蘭西斯科·

德塞圖巴爾（Francisco de Setubal）等藝術家共同裝飾，裡面的多幅繪畫含括了科學、商業、富饒、和平、勝利、騎士、建築、繪畫、雕塑、音樂和神話等主題，此處展示的馬車包括：西班牙國王菲利普二世的馬車，這輛馬車是他在初次造訪葡萄牙時帶來的，是非常罕見的16世紀展品；薩博亞的瑪麗亞（Dona Maria de Saboia）的馬車，上面裝飾了路易十四時期的精美畫作；一輛17世紀晚期的馬車，裝飾無比華麗；奧地利的瑪麗亞·安娜（Dona Maria Anna de Austria）的馬車，瑪麗亞·安娜是若昂國王的新娘，這輛馬車是奧地利皇帝約瑟夫一世（Joseph I）送給妹妹瑪麗亞·安娜的禮物；王室馬車（Crown Coach），這個名字的由來是車上的王室徽章，這輛馬車是國王佩德羅二世為了若昂的婚禮而下令打造；國王若昂五世的馬車，上面價值連城的雕刻與繪畫裝飾出自建築師文森·菲利斯·德艾梅達（Vicente Felix de Almeida）與雕刻家若澤·德艾梅達之手；教宗克萊孟十一世（Pope Clement XI）的馬車，這位教宗在1715年把馬車贈與若澤；法蘭西斯科王子的馬車，據說馬車是在1722年打造的；瑪麗亞·安娜·維多利亞（Dona Maria Anna Victoria）的馬車，又稱金柱馬車（Gold Column

Coach）；帕爾哈瓦之子（Children of Palhavá）的馬車，帕爾哈瓦之子指的是國王若昂五世的非婚生兒子；葡萄牙大使造訪教宗克萊孟十一世時搭乘的馬車，在羅馬建造，設計精美而大膽；三輛雕刻精美且具有藝術價值的華麗馬車；若澤的馬車，以木工精美而聞名；十八世紀後期的三輛四輪禮車，飾有優雅的雕刻和繪畫；瑪麗亞‧貝內迪塔公主的馬車，這是若澤王子的妻子使用的豪華馬車；瑪麗亞王后的馬車，這輛馬車是為了里斯本耶穌聖心大教堂（Basilica do Coração de Jesus）的莊重獻堂典禮而打造的；王后卡蘿塔‧喬金納（Queen Carlota Joaquina）的三輛馬車，是卡洛斯四世在1785年從西班牙送過來給女兒的結婚禮物；王室馬車（Crown Coach），這輛馬車是1826年在英國為國王若昂六世建造的；18世紀的五輛輕型馬車，以及同時期的兩輛雙輪有篷馬車。

這些大型展品能讓我們對葡萄牙時期的豪華宮廷生活有非常生動的想像，接下來我們應該參觀樓上走廊中的展示櫃，那裡有許多小型展品。我們可以找到博物館管理者盧奇亞諾‧弗雷勒（Luciano Freire）提供的目錄。這座博物館每天的開放時間是中午12點30分至

下午4點30分，週五休館，可免費入場。遊客若取得
特別許可便能在開放前進入參觀。

© Vitor Oliveira via Wikimedia commons

貝倫宮中展示著宛如童話故事
裡才會出現的豪華馬車。

古代美術館

　　接著，我們的車子繼續輕快地前進，往古代美術博物館（Museu de Arte Antiga）25的方向前進。我們會在路上經過右側的海外軍營（Quartel do Ultramar）和左側的殖民醫院（Colonial Hospital）。我們繼續前進，經過聖阿馬羅電動汽車車庫（Santo Amaro electric car-barn）、海軍軍營、阿爾貝塔斯花園（Jardim das Albertas，較知名的稱呼是歐比杜斯伯爵岩地，我們先前已提到過），最後抵達位於老舊的綠窗宮（Palácio das Janellas Verdes）古代美術博物館，綠窗宮是在17世紀由阿爾沃伯爵（Conde de Alvor）建造的。

　　這是里斯本最傑出的博物館之一，於1833年成立，收藏了當時被解散的宗教團體的物品，以及王后卡蘿塔·喬金納的宮殿中的其他物品。博物館藉由各種贈禮與重要的購買交易而多次擴大，如今已成為了珍貴藝術品的寶庫，使這裡更加彌足珍貴的是如今管

25　現名「國立古代美術館」（Museu Nacional de Arte Antiga，簡稱 MNAA）。

理博物館的館長，著名的藝術評論者若澤‧德費格雷多（José de Figueiredo），以及著名藝術家盧奇亞諾‧弗雷勒。在館長的推動下，博物館在近期成立了博物館之友小組（Grupo de Amigos do Museu），對博物館貢獻良多。此處的圖書館也是由若澤‧德費格雷多組織推動的，目前已有3,000多冊有關古代美術的藏書。

博物館的收藏包括義大利、西班牙、英國、德國、佛拉蒙（Flemish）葡萄牙等不同流派大師的過往經典畫作，最近又添置了著名詩人暨傑出鑑賞家蓋拉‧榮格羅的多幅精美畫作。

這裡的畫作收藏卓絕群倫，陶器也毫不遜色。博物館的陶器收藏包括國內外的傑出作品。其中以來自東方的收藏最有價值，例如來自中國、日本和波斯的非凡瓷器。此外，這裡還有來自法國塞夫爾（Sèvres）和巴黎作品的精美展品，以及來自英國和德國的藝術作品。這些陶器位於一樓，此處還展覽了來自波斯與印度的雅致地毯，以及來自本國阿拉約洛斯（Arraiolos）與塔維拉（Tavira）等地的葡萄牙地毯。

我們會在入口看到一幅巨大的彩繪磁磚（azulejos）作品，描繪了17世紀的里斯本，也就是在1755年發生

大地震之前的里斯本。前廳裡有一個16世紀的細緻浮雕，主題是《耶穌降下十字架》（Descent of the Cross）。我們還會在這裡看到來自18世紀中國的四個甕、兩個日本甕和兩個中國花瓶。

爬到二樓，我們會在第一間房間裡看到一個展示櫃，裡面放的是著名的傑若尼莫聖體顯供架（Custodia dos Jerónimos），從上到下都是金絲琺瑯。橢圓形的底部用琺瑯製作出充滿花朵與鳥的多個小型凸浮雕，底下的裝飾條有白色琺瑯的刻字：**至高無上的國王曼努一世使用基爾瓦貢品（Parias of Qilva）中的第一塊黃金製作而成。於1506年（CCCCCVI）完成製作。**上下連接處有六個球體。中央的主體位於兩支大柱子與許多小柱子之間，大柱子的凹槽中有天使在演奏樂器，支撐聖體顯供架，下方則是12名跪拜的使徒。顯供架的上半部充滿金屬花邊，中央空間的上方是天父上帝的人像，左手拿著球體，右手給予祝福，中央空間的下方是一隻白鴿，頂部冠以十字架。這件令人嘖嘖讚嘆的葡萄牙黃金工藝是由吉爾・維森特在里斯本依照國王曼努一世的命令，根據加西亞・德雷森德（Garcia de

Rezende）的草稿製作。顯供架的黃金重量約30馬克[26]，這件作品正如底下的刻字所示，在製作過程中使用了基爾瓦國王進貢的第一塊黃金。曼努一世國王在遺囑中吩咐要把顯供架留給貝倫修道院（Monastery of Belem）。這座16世紀的奇蹟高83公分。

接下來我們會穿越許多房間，看到各種傑出畫作，畫家包括克里斯多夫‧德莫拉斯（Christovám de Moraes）、維艾拉‧盧西坦諾、克里斯多夫‧洛佩斯（Christovám Lopes）、維艾拉‧波圖恩塞、喬治‧阿方索（Jorge Affonso）、多明哥斯‧塞奎拉、多明哥斯‧巴柏沙（Domingos Barbosa）、牟里尤（Murillo）的畫作兩張，還有其他作品出自杜勒（Durer）、佩雷達（Pereda）、祖巴蘭（Zurbaran）、里貝拉（Ribera）、法蘭茲‧霍斯（Franz Hals）、特尼爾茲（Teniers）、H‧庫伊普（H. Cuyp）、沙爾肯（Shalken）、楊‧西文斯（Jan Sievens）、魯本斯（Rubens）、霍爾拜因（Holbein）、梅爾齊（Melzi）、盧伊尼（Luini）、盧卡‧吉爾達諾（Luca Giordano）、丁托列托（Tintoretto）、安東尼奧‧莫羅（António Moro）、弗拉‧

26　約七公斤多。

卡羅（Fra Carlo）、帕提尼（Patini）等人。

　　我們接下來前往黃金工藝室。雖然黃金工藝收藏目前只是暫放此處，不過我們仍可由此看出這些作品的藝術價值高到令人嘆為觀止。這裡的展品大多是儀式用品，多數來自如今已不存在的修道院，許多展品使用黃金和白銀做為主體，搭配寶石裝飾，例聖母聖體櫃（Relicario da Madre de Deus）就是表面有黃金琺瑯，並鑲嵌了珍珠、綠寶石和紅寶石。其他美不勝收的展品也具有極高的價值，包括著名的若昂・多奈拉斯修士的聖體顯供架（Custodia de Frei João Dornellas），材質是鍍金的純銀，製造於14世紀，以及希世之寶本波斯塔聖體顯供架（Custodia da Bemposta），高97公分，材質是鍍金的純銀，上面鑲嵌了許多寶石，還有一個水晶製成的耶穌受難象徵，除此之外，還有許許多多其他珍寶可以吸引遊客的注意力。

　　博物館還有一間草稿室，裡面擺設了國內外大師的傑出作品，包括多明哥斯・塞奎拉的優異作品。博物館每天的開放時間是上午11點至下午5點，週一休館。入場當然是免費的。

聖本篤宮

緊接著，我們要沿著綠窗街（Rua das Janellas Verdes）走到路底，左邊矗立著一棟大型的老建築，這裡曾是瑪里亞諾斯修道院（Convento dos Marianos）。修道院的其中一棟附屬建築中，有一間現代印刷辦公室，稱為印務公司（Imprensa Ltda.），印刷品就是在這裡設置好並印刷出來的。

我們沿著舊桑托斯街（Rua de Santos-o-Velho）向上走，經過位於阿布蘭特斯侯爵巷（Calçada do Marquês de Abrantes）的法國使館（French Legation），再走上威爾遜大道（Avenida Wilson，原名禮儀大道〔Avenida das Côrtes〕），大道的最高點是**共和國會宮（Palace of the Congress of the Republic，如今也被稱為聖本篤宮）**，這裡原本是聖本篤修道院（Convent of São Bento da Saude），建築師范圖拉‧特拉薩烏德為了使修道院變得適合國會使用，進行了大量修建。下議院（Chamber of Deputies）是一座空間廣闊的圓形劇場，由雕塑家特謝拉‧洛佩斯進行裝飾，上方是金屬拱頂，內部的光線充足，聲音學表現良好。參議院（Senate）也是一座圓形劇場，占地較小，但整體來

說和下議院一樣協調。失落步伐廳（Sala dos Passos Perdi-dos）則是由科倫巴諾、塞亞（Ceia）和若昂‧瓦斯帕裝潢的。

　　建築物的右翼是國家檔案館（National Archives），名為東波塔（Torre do Tombo），建立於1757年。檔案館因文件數量龐大而著名，我們可以在這裡調查與研究葡萄牙與其人民過去的一切生活。檔案館內有稀有的歷史書籍謄本，價值珍貴到無法估量，還有極為重要且引人注意的外交文件，以及名副其實的印刷文件博物館，還有許多珍稀的手稿，記錄了自葡萄牙獨立至今的許多重要歷史。我們也可以在東波塔裡找到大量書籍上面有專家繪製的書籍裝飾。

共和國會宮又稱為聖本篤宮（Palácio de São Bento），自1834年以來一直是葡萄牙議會的所在地，位於宮內的聖本篤公館是葡萄牙總理的官邸。

夜間娛樂（100 年前 ver.）

至此，我們完成了一趟簡短又有趣的里斯本之旅，參觀了最引人注目的景點——至少是最能引起遊客興趣的景點，尤其是那些喜愛藝術與美的遊客。接下來，我們自然要回到飯店，正如先前說過的，飯店的地點很可能位於里斯本市的中心。

里斯本從不缺乏夜間娛樂，這裡有一流的劇院和各種類似的消遣場所，不過，為了讓遊客能完整享受這趟旅程，讓我們帶遊客到光復會所（又名格言會所）的所在地吧。光復會所位於福茲宮，是人們依據義大利建築師法布里的設計在 17 世紀建造而成，一開始，福茲宮屬於卡斯托・梅里奧侯爵夫人（Marquises of Castello Melhor），不過後來被福茲侯爵（Marquis da Foz）買走，他在多位傑出藝術家的幫助下，於 1870 年至 1875 年進行整修，並親自監督。我們會在福茲宮看到許多傑作，這些傑作的創作者包括建築師加斯帕、雕塑家萊安德羅・布拉加、畫家法蘭西斯科・維拉薩（Francisco Villaça），以及最重要的傑出畫家科倫巴諾・博爾達洛・皮涅羅，此外這裡還有許多名聲響亮的外國藝術家繪

製的精美畫作。

　　從入口走進來是一座寬敞的前廳，樸實又莊嚴，擺放了義大利藝術家馬尼尼（Manini）繪製的精美油畫、一名女性站在貝殼上的美麗大理石雕像，以及由黑色大理石做框的白色大理石希臘浮雕。用義大利大理石製作而成的華麗樓梯也坐落在前廳，這座樓梯奢華又工整，一路通往上方的陳列廳，此處的柱子也是用宏偉的義大利大理石製成的。樓梯扶手滿是銅和鋼製成的豐富裝飾，底下的起點是閃亮的銅製羊頭。羊頭後面是福茲侯爵夫人的尊貴家族徽章為主的裝飾圖樣。這項令人讚嘆的扶手作品是在巴黎製作的，花費了至少9,000英鎊。這座扶手比歐馬勒公爵（Dukes d'Aumale）在尚蒂伊城堡（Château de Chantilly）的扶手更加奢華，被視為全世界最美麗的扶手。陳列廳的柱子底座是大理石，底部與頂部則是銅製作成的。上方的陳列廳中有兩幅史奈德斯（Snijders）的傑出畫作，分別是《水果小販》（The Fruit Seller）和《魚販》（The Fish Seller），以及布耶爾（Bruyère）的《路易十四的勝利》（The Triumph of Louis XIV），還有法蘭西斯科・維拉薩繪製的福茲家族武器。

第一間大廳裡的裝潢全都是橡木，豪華的壁爐是用上色大理石製成，頂端是尚‧古容（Jean Goujon）雕刻的兩座木製女神像，製作精巧，看起來就像支撐著天花板似的，而天花板上則裝飾著法國流派的畫作。舞廳的裝飾風格值得參觀，是萊安德羅‧布拉加的傑出之作，我們可以在福茲宮的其他裝飾細節中看到布拉加的手筆。這間房間是根據格魯茲宮（Palace of Queluz）建造而成的，天花板上是維尼克斯（Venix）的畫作，主題是維納斯的誕生。天花板上的其他畫作是科倫巴諾繪製的。另一個值得注意的裝潢是華麗的水晶燈，福茲宮有許多房間都是由水晶燈照亮的。

　　福茲宮在數年前由蘇塞納伯爵（Conde de Sucena）買下，美國使館已經遷入此處很長一段時間了。光復會所（又名格言會所）現在已有人營業，管理者謹慎地保留了所有原始裝飾。許多遊客是因為光復會所是里斯本最舒適也最奢華的俱樂部而造訪此處。由於它位於市中心，位於自由大道的起點，所以自然而然地變成了最適合遊客參觀的地方。俱樂部裡有一間豪華寬敞的餐廳，到了晚上會出現各式各樣的藝術家與許許多多精彩的節目。一般認為這是葡萄牙國內的類似店家中

最早成立的。俱樂部也設置了無線電接收站。

福茲宮，以及佩索亞稱為「全世界最美麗」、要價9,000英鎊的樓梯扶手。

如果願意再多待一天……

　　雖然我們不想要花太長的篇幅描述里斯本之旅，不過，如果旅客可以再多留一天的話，我們接下來會繼續指明方向，帶領他在這座城市進行一趟暴風之旅。他將會在過程中看到一些有趣的事物。

　　我們在羅西歐坐上汽車，開上西亞多街，抵達路易德卡莫斯廣場，廣場裡矗立著先前已介紹過的葡萄牙傑出詩人的雕像。接著我們進入羅雷托街（Rua do Loreto），沒多久就會在右側看到屬於帕米拉公爵的宮殿，這棟建築曾是他們的居所，如今國家擊劍中心（Centro Nacional de Esgrima）、葡萄牙汽車俱樂部（Automovel Club de Portugal）、航空俱樂部（Aero Club）、葡萄牙海軍聯盟（Liga Naval Portugueza）與國家海軍陸戰隊博物館（Museu Nacional da Marinha）都在宮殿裡，而海軍陸戰隊博物館代表了已故的卡洛斯國王為了他熱愛的海洋學探索領域付出多年努力所獲得的成果。這座博物館收藏了葡萄牙各個海岸的魚類、軟體動物和甲殼類動物，這些生物樣本來自多個不同的深度和離岸距離，裡面也有葡萄牙動物相的海鳥，和至今仍屬未知的生

物「odontespisnosutus」。此外，我們也會在這裡看到不同物種的圖片、探索過程中的船上工作照、音訊圖表、探索時使用的儀器、一座圖書館、國王卡洛斯的特許證、一本日誌等。這座博物館是在曼努二世的核准之後建立的，裡面擺設了來自王室宮殿的家具，開放時間是每天上午11點至下午4點，假日閉館。

博物館旁的另一部分宮殿建築如今屬於1887年進駐的通用儲蓄銀行（Caixa Geral de Depositos）。英國威靈頓（Wellington）和貝爾斯福德（Beresford）在1811年至1813年把總部設立於此。這棟建築的正前方就是阿贊布雅宮（Azambuja palace），這裡曾是《樂達報》（A Lucta）的辦公室，現在是政治團體在使用。

我們順著左側的薩達尼亞元帥街（Rua Marechal Saldanha）向下前進，來到了聖卡塔琳娜山（Alto de Santa Catharina），我們可以從這個至高點欣賞太加斯河最寬的部分，還能看到河的南岸。這裡是欣賞太加斯河的最佳地點之一，每當人們想要觀賞特定的優秀艦隊駛入太加斯河，或者想要欣賞晚上在太加斯河上方施放的紀念煙火時，就會聚集於此。

我目睹一艘船在遠遠的太加斯河……
　　無動於衷地航向下游。
無動於衷並非來自它對我的視而不見
也不是來自我的不在意，它無動於衷
　　是因為它事實上只是一艘船
不需形上學發放許可，便能航向下游
　　前進下游，邁向現實世界之海，
　　除此之外，它不具其他意義……

　　　──無題，《我的心稍微大於一整座宇宙》

接著我們回過頭，沿著最一開始走的路線前進，順著康布洛巷（Calçada do Combro）向下，便會在右手邊看到巨大老建築，這裡曾是郵政總局（General Post Office）的所在地，在許多年前變成了屬於多個工會的勞工總會（Confederação Geral do Trabalho）與勞工刊物《戰鬥報》（A Batalha）的據點。值得注意的是，在同一棟建築物面向後街的那一側，是最活躍的保皇派組織之一君主青年團（Juventudes Monarchicas）。

接著我們轉進世紀街（Rua do Seculo）。走進來的第一個轉角就是梅塞斯教堂，1699年6月6日，未來的龐巴爾侯爵在此受洗，獲得了洗禮名塞巴斯蒂安·若澤·德卡瓦略·梅洛（Sebastião José de Carvalho e Mello）。他的遺骸與墓也在教堂裡，直到後來轉移到紀念教堂。

繼續往前走，我們會在左手邊看到《世紀報》（O Seculo）坐落的大型建築。全葡萄牙只有《世紀報》擁有專為報社打造的建築。內部正如人們的預料，擺放了各種裝置且光線充足。報社的人可以搭電梯抵達寬闊的地下室，此處有大型印刷機，一樓是裝潢良好的管理部門辦公室，二樓是編輯部，三樓則是排版部門。

建築物中原屬於蘭卡達子爵（Viscount da Lançada）且沒有改動過的部分，如今變成了編輯辦公室、檔案室、展覽廳與音樂廳。《世紀報》是葡萄牙規模最大的報社之一，流通量很高，內容都經過仔細考究，在政治上偏向保守派。報社經營者同時也出版了其他刊物，例如書籍與週刊等，印刷部門開放接受外部業主的委託。

©GualdimG via Wikimedia commons

《世紀報》於 1880 年 6 月 8 日創刊，發行至 1977 年 2 月 12 日停刊，歷經 96 年，該報紙曾經是葡萄牙最有影響力的日報之一，也是葡萄牙新聞史上的一個里程碑，見證並報導了葡萄牙從君主制到共和制，再到獨裁政權，以及最後回歸民主的漫長過程。其所在的建築是當時葡萄牙最現代化的報社建築之一，不僅在外觀設計上優雅精美，內部的設備也相當先進。尤其在 20 世紀初的黃金時期。當時《世紀報》不僅發行量龐大也深具影響力，其總部是里斯本知識分子、作家、政治家及新聞界人士的聚集地。即使停刊後該建築依舊是里斯本著名的歷史地標。

《世紀報》的正前方是卡塔諾斯巷（Calçada dos Cae-
tanos），這條巷子上還矗立著阿爾梅達・加勒特在19世
紀創立的國家音樂學院（Conservatorio Nacional de Musi-
ca），近日剛經過大幅重建。我們現在的所在處是上城
（Bairro Alto），里斯本的大多數報社辦公室都位於此
處。

　　我們回到世紀街，剛剛那棟報社的隔壁是一棟半
宮殿式住宅，龐巴爾侯爵在1699年5月13日於這棟住
宅出生，此處在1923年放置了一座紀念像。如今占據
這棟建築的是西班牙領事館和商會。

　　接著，我們的汽車轉進了舊耶穌拱門街（Rua do
Arco a Jesus），拱門至今仍矗立於此，然後汽車將會經過
里斯本科學院（Academia das Sciencias de Lisboa[27]），這條街
如今以里斯本科學院命名。科學院所在的建築曾是耶
穌修道院（Convento de Jesus），如今除了科學院之外，文
學部（Faculty of Letters）與地質博物館（Geological Museum）
也位於這棟建築中。

　　里斯本科學院成立於1779年，自1834年起搬遷至

27　正確名稱應該是 Academia das Ciências de Lisboa。

此，裡面設有一座非凡的圖書館，位於一個長31公尺、寬15公尺、高11公尺的大房間裡，這是全歐洲最好的圖書館之一。這座圖書館收藏了1500年以來印刷的11萬6,000本書、112本古板書和1,600份手稿。部分收藏是科學院購買的，部分曾屬於舊修道院的圖書館，這座修道院在1582年坐落於此，屬於第三方濟各會（Third Franciscan Order，又稱懺悔會〔Penitence〕）。圖書館延伸到我們所提及的大廳之外，還占用了其他12間房間。這裡有許多珍稀收藏，例如1610年由艾斯特凡‧岡薩爾維斯（Estevam Gonçalves）抄寫的《彌撒用書》（Missal）手稿，數位葡萄牙國王在登基宣示時使用這份手稿；第一版的拉丁文聖經，於1462年由古騰堡（Guttenberg）的合作夥伴印刷在德國美因茲（Mainz）的洋皮紙上，全葡萄牙只有兩份，一份在這裡，另一份副本位於國家圖書館；1419年在里斯本印刷的希伯來文《五經》（Pentateuch），這是葡萄牙印刷的罕見樣本；阿拉伯文手稿的系列收藏；卡莫斯的第一版《盧濟塔尼亞人之歌》（The Lusiads），各種珍藏品不一而足。

書櫃上方的內簷板擺放了哈托王室製陶工廠（Real Fábrica de Louça do Rato）製作的34座半身像，包括國王若

昂六世、聖人、高級教士、哲學家（如柏拉圖）、數學家（如佩德羅‧努內斯與牛頓）、科學家（如希波克拉底與韋爾內內〔Verney〕）、演說家（如西塞羅）、詩人（如維吉爾〔Virgil〕、薩‧德米蘭達〔Sá de Miranda〕和卡莫斯）、編年史作者（達米昂‧德戈斯〔Damião de Goes〕和若昂‧德巴羅斯）等。

科學院擁有自己的博物館，收藏品包含古物、硬幣、徽章、古老的陶器等。

三樓是全歐洲最好的其中一座地質博物館。這座博物館有六間房間和一間特殊圖書館，六間房間裡展示了各式各樣的特殊展品，包括化石、人類和動物的顱骨和骨頭、燧石工具、原始陶器和雕刻作品。博物館的開放時間是平日上午十10點30分至下午5點。

若遊客願意再花一個下午的時間，我們還可以進行另一趟參觀之旅。我們乘坐汽車離開羅西歐，往不同方向前進，沿著帕爾馬街（Rua da Palma）往上。這條街道右側的大量房屋構成了名叫穆拉利亞（Mouraria）的街區，這個街區和阿爾法瑪一樣十分受歡迎，具有與眾不同的特色。

我們繼續往前走，在接近阿波羅劇院（Apollo Theatre）的正前方處轉進四月二十日街（Rua 20 de Abril），這條街過去的名字聖拉撒路街（Rua de São Lazaro）比較有名一些，接著我們從左側穿過索科羅廣場（Largo do Socorro）離開，走進若澤安東尼奧塞拉諾街（Rua José António Serrano），抵達聖約瑟醫院（Hospital de São José）。這是里斯本最大的醫院，成立於1775年。這棟建築以前屬於耶穌會，曾是他們的新聖安唐修道院（Convento de Santo Antão-o-Novo），由恩里克（Dom Henrique）建造。醫院的前廳有精緻的玻璃工藝，以及用精緻大理石打造的禮拜堂。

沿著這條路往上走，我們來到了國家烈士廣場（Campo dos Mártires da Pátria），這個名字是為了紀念1817年發生在這裡的處決事件，被處決者是密謀反抗英國總督貝雷斯福特（Beresford）的戈梅茲‧弗雷勒（Gomes Freire）與其他共謀者。這個廣場上曾建有一座木製鬥牛場，但在提出了小廣場的構想之後，鬥牛場就拆掉了。這裡過去有一座聖安娜教堂，因此曾被命名為聖安娜廣場（Campo de Santa Anna），直至今日，仍有些人把這裡稱為聖安娜廣場。

這座大型廣場的其中一側是維護良好的花園，屬

於醫學院（Faculty of Medicine），醫學院則面對著傑出的葡萄牙醫師索薩‧馬丁斯（Sousa Martins）的紀念像，這座紀念像於1907年首次展示，創作者是科斯塔‧莫塔。

醫學院所在的建築是工程師卡布拉爾‧庫塞羅（Cabral Couceiro）和建築師若澤‧馬利亞‧波穆塞諾（José Maria Nepomuceno）的作品，而後由工程師波赫士‧德卡斯楚（Borges de Castro）與阿貝卡希斯（Abecassis），以及建築師萊昂內爾‧蓋亞（Leonel Gaia）進行改良，建於1911年。建築內有一座華美的主階梯、中央前廳與多條展示走廊，走廊的掛牌上放了學校教授的名字，還有曼努‧班托‧德索薩醫師（Manuel Bento de Sousa）的半身像，於1904年首次展示，由特謝拉‧洛佩斯創作。畫家科倫巴諾裝飾了議會廳，裡面也放了幾座銅製半身像。前廳有安東尼奧‧拉馬略的多幅畫作以及科斯塔‧莫塔的醫學雕塑。二樓大廳裡展示了若昂‧瓦斯的繪畫和喬治‧克拉索的磁磚作品。考試廳裡有維洛索‧薩爾加多設計的牆頂飾條、若昂‧瓦斯設計的屋頂和馬霍亞繪製的肖像。

醫學院原本名為里斯本醫學學校（Lisbon Medical School），在1910年之前都位於聖約瑟醫院中，一直到

143

遷至這棟新蓋的建築後，才成為醫學院。

醫學院的右側是細菌學院街（Rua do Instituto Bacteri-ológico），卡麥萊帕斯塔納細菌學院（Instituto Bacteriológi-co de Câmara Pestana）[28] 自1892年成立以來就坐落於此，學院的名稱來自卡麥萊·帕斯塔納醫師（Câmara Pesta-na）。這棟建築原本是舊聖安娜修道院（Convento de San-ta Anna）[29] 的一部分，傑出的細菌學家卡麥萊·帕斯塔納醫師把修道院改造成適合細菌學院的現今樣貌，他在1899年為了腺鼠疫大流行前往奧波托（Oporto）工作，為科學獻出了生命。在這條街和托雷爾巷（Travessa do Thorel）的轉角處，仍矗立著修道院的一部分原始建築，如今這裡是聖安娜庇護所（Asylo de Santa Anna）[30]，這間庇護所屬於孤兒院：弱勢兒童協會（Sociedade da Infancia Desvalida）。

醫學院左側的曼努班托德索薩街（Rua Manuel Bento

28　該機構在後來已陸續搬移或整併至其他機構或地點，特別是在20世紀中期葡萄牙的公共衛生體系重組之後。

29　該建築目前為 Hospital de Santa Marta（聖瑪爾塔醫院）的一部分，該醫院是里斯本重要的醫療機構之一。該地點現在主要用於醫療和健康護理相關的服務，特別是心臟病學和心血管手術領域。

30　如今已不再運作，可能已整併至其他社福機構。

de Sousa）上是醫學法學院（Instituto de Medicina Legal）31和殯儀館（Morgue）。我們可以透過這座花園的柵欄眺望里斯本東部的高地。葡萄牙天主教會提供給里斯本大主教居住的住宅也在這座廣場中。

若要到達我們先前說過的絕佳里斯本觀光點，除了我們選擇的路線外，還有許多其他路可以走。我們可以沿著聖安娜巷（Calçada de Santa Anna）往上走，抵達細菌學院，我們也可以從自由大道搭拉弗勒電梯（Lavra Elevator）抵達上方，還可以選擇從普雷塔斯街（Rua das Pretas）繞路，沿著聖安東尼奧多斯卡普庫斯路（Rua de Santo António dos Capuchos）向上走，又或者可以直接選擇搭乘戈梅茲弗雷勒電車（Gomes Freire）。

---

31 現在是 Instituto de Medicina Legal e Ciências Forenses，即法醫學和法科學研究所，它是葡萄牙的司法部門下專門負責法醫學分析與調查的機構。這座建築作為這個機構的總部，主要處理法醫學相關的工作，包括犯罪現場分析、法醫鑑定等。

1925年的里斯本報紙

我們不讀報紙，或者只有在找些奇聞軼事和花邊新聞時才讀報。你無法想像，地方報紙的綜合報導給我帶來多大樂趣。正是那些名字為我開啟了通往無邊際的大門。

——314. 惰性準則，《惶然錄》

里斯本當然有好幾間報社，如果遊客能讀葡萄牙語，又想要知道里斯本有哪些報社的話，請參考我們接下來列出的主要報社列表，以及這些報社的性質和辦公室地點。

里斯本最古老的日報是《商業與殖民日報》（Jornal do Commercio e das Colonias），位於艾梅達阿布奎基街（Rua Almeida e Albuquerque）上，這份報紙的內容與名稱相符，主要討論的是商業與工業階級的利益和殖民問題。

第二老的報紙則是《新聞日報》（Diario de Noticias），位於如今以這份報紙命名的街道上，這份報紙是非常純粹的新聞報紙，流通量極大，在共和黨體制中堅持保守派原則。《新聞日報》和我們先前提過的《世紀報》是葡萄牙最主流的日報，無論在流通量和影響力方面都是如此。

其他日報包括支持共和黨的《世界報》（O Mundo），擁有一整棟建築物當辦公室，位於以該報紙名稱命名的街道上。《晨報》（Correio da Manhã）位於巴羅卡街（Rua da Barroca），是保皇派的官方組織。

《時代報》（A Epoca）位於樂達街（Rua da Lucta），是訂閱數較多的葡萄牙報紙，支持天主教與保皇派；

《每日報》（O Dia）也是保皇派報社，位於安東尼奧馬利亞卡多索街（Rua António Maria Cardoso）；《戰鬥報》（A Batalha）位於康布洛巷，是支持勞工的報社；《新聞報》（Novidades）位於加勒特街，是純天主教日報；《折扣報》（O Rebate）位於花之水巷（Travessa da Agua de Flôr），是民主共和黨（Democratic Republican Party）的官方組織。這些日報全都是早上發售。

晚報包括：《資本報》（A Capital）位於北街（Rua do Norte），是共和派報紙，由《世紀報》的前助理編輯在共和黨成立不久前發行；《里斯本日報》（Diario de Lisboa）在盧茲索里亞諾街（Rua Luz Soriano）有一整棟屬於報社編輯部的建築，在羅沙街（Rua da Rosa）則是管理部門，政治立場獨立，帶有明顯的文學色彩；《晚間日報》（Diario da Tarde）是獨立共和派的報紙，由沒有政黨色彩的共和派人士共同創立，位於特林達街（Rua da Trindade）；《晚報》（A Tarde）位於世界街（Rua do Mundo），也是沒有政治黨派的共和派報紙。

里斯本有一份一週出版兩次的報紙，名叫《狂想》（Os Ridiculos），位於巴羅卡路，是一份充滿幽默感的獨立報紙；里斯本還有許多週報，包括《ABC》

（A.B.C.），位於迷迭香街，以插圖為主；《多明戈畫報》（Domingo Illustrado）位於佩德羅五世路（Rua de Pedro V），是非常受歡迎的週日報；《歐洲時報》（Jornal da Europa）位於盧西坦諾街（Rua do Gremio Lusitano），是擁有悠久傳統的週報，在巴西有大量讀者；《體育報》（Sports）與《里斯本體育報》（Sports de Lisboa）分別位於路易德卡莫斯廣場和羅沙路，兩份週報都名副其實，專門報導體育相關消息。

里斯本還有一份雙週插圖報，名叫《插畫報》（Ilustração），近期才剛開始出版。

上文提及的報紙，部分相關介紹與現況

日報

◆《商業與殖民日報》：創刊於1850年，並在20世紀初期至中期成為葡萄牙最具影響力的報紙之一。20世紀中期，隨著新聞業的變化和社會政治環境的變遷，該報逐漸失去影響力，最終於1965年宣告結束。其主要特點和歷史背景如下：

・經濟和貿易報導：該報紙以其對葡萄牙經濟、貿易和商業活動的深入報導而聞名，並且經常提供市場分析、價格趨勢和商業動態。

・殖民地新聞：報紙關注葡萄牙的海外殖民地，報導其政治、經濟和社會情況，這在當時的葡萄牙社會中引起了廣泛的關注。

・社會與文化內容：除了商業和殖民新聞，該報紙也報導文化、藝術和社會議題，成為當時知識分子和普通讀者的重要資訊來源。

◆《新聞日報》：創刊於1864年，至今仍在發行。佩索亞過去曾在該報發表多篇評論文章，內容涉及文

學、哲學等內容。

◆《世界報》：1882年7月在里斯本創刊，1907年結束運營。該報紙不僅僅是一個新聞機構，更是進步君主主義思想的傳播者，倡導社會改革，甚至被稱為「人道主義君主制」。該報紙的辦公地點位於慈悲街（Rua da Misericórdia）95號，該建築於20世紀初建成，2000年由建築師阿爾瓦羅·西扎·維埃拉（Álvaro Siza Vieira）修復，現為非營利組織「4月25日」(25 de Abril，康乃馨革命事發日)的總部。

◆《晨報》：創刊於1979年3月19日，旨在打破當時新聞界對政治的屈從，倡導獨立和批判性的新聞報導。

《晨報》以類似英國小報的感官化報導風格著稱，主要關注犯罪、醜聞和引人注目的頭條新聞。這種報導方式使其在葡萄牙讀者中廣受歡迎，成為該國發行量最大的日報之一。截至2015年1月至8月，《晨報》平均每日發行量約為105,519份，占據葡萄牙報紙市場超過40%的份額。

自1979年創刊以來，通過獨特的報導風格和多元的媒體平台，成為葡萄牙最具影響力的日報之一。

◆《時代報》：於1919年由費爾南多‧德‧索薩（Fernando de Sousa）創立。然而1920年創刊人因日報上的一篇文章遭到逮捕，1927年該報失去天主教會的支持，因此創辦人辭去董事職位並另外創立一份日報。《時代報》的具體停刊時間不明。

◆《每日報》：發行時間及具體停刊時間不明，出版頻率不固定，且其出版商未被明確記錄。

◆《戰鬥報》：葡萄牙歷史悠久的無政府主義報紙，於1919年創刊，至今已持續發行超過一個世紀。該報紙在發展過程中，經歷了多次暴力中斷，但仍然堅持出版，成為歐洲最古老的無政府主義報紙之一。

儘管現今發行頻率已大幅減少，並不如創刊初期那樣活躍。這份報紙至今仍以小規模的形式出版，持續作為葡萄牙無政府主義運動的媒體和聲音。

◆《新聞報》：是葡萄牙里斯本的一份天主教報紙，於1867年創刊，並在20世紀初期發行。該報紙以報導宗教、社會和政治新聞為主，並在當時的葡萄牙媒體中具有一定的影響力。具體停刊時間不明。

晚報

◆《資本報》：於1968年創刊，並在2005年停刊。
該報紙以報導政治、經濟和社會新聞為主，曾在
葡萄牙媒體界占有重要地位。

◆《里斯本日報》：1921年4月7日創刊，1990年
11月30日停刊。在國家新政權（Estado Novo）獨裁時期，
該報以相對獨立的立場著稱，儘管受到審查，仍嘗試
提供多元觀點。該報也為現代主義作家和藝術家提供
了平臺，刊登了佩索亞、薩拉馬戈（José Saramago）等人
的作品。在1974年4月25日的康乃馨革命期間，該報
積極報導革命進程，成為當時重要的新聞來源之一。

◆《晚報》：創刊於1910年。該報紙以報導政治、
社會和文化新聞為主，曾在葡萄牙媒體界占有重要地
位。

取道格魯茲，造訪辛特拉

來葡萄牙旅遊的旅客必然會如同我們描述的那樣，在里斯本找到許多值得參觀的景點，喚起藝術與歷史方面的種種感受，不過旅客不需要把觀光目的地限制在首都。每一個初次來到里斯本的人，都會因為無與倫比的太加斯河流域美景而深受吸引，吸引遊客的可能是七座山丘中的最高處景觀、花園與紀念像、古老的街巷與新建的道路。不過，郊區也同樣值得遊客參觀。里斯本的郊區也同樣充滿美景——我們說的不僅是圍繞著里斯本的絕妙自然美景，也包括了歷史景觀，遊客在這些地方看到的許多建築都會讓人宛如回到過去。因此，接下來我們將會前往里斯本的郊區，我們深信，遊客在隨我們進行這趟小小旅程的過程中，絕對會認為他連一分鐘也沒有浪費。

　　我們驅車離開羅西歐，沿著自由大道向上，先右轉，再左轉，駛上安東尼歐奧古斯都德阿吉亞大道（Avenida António Augusto de Aguiar），離開大道後，我們會在左側看到典型的老舊宮殿式建築，那是西班牙使館（Spanish Legation），再繼續往前一小段路，左側就是帕哈瓦運動中心（Palhavá Sports Ground），接著我們會抵達里斯本動物園（Jardim Zoologico），這是里斯本郊外最宜

人的地點之一，許多人喜歡在假日造訪此處。動物園的面積是92,540平方公尺，裡面有來自世界各地的動物。動物園在1884年成立，不過並不是現在這個地點，原本位於更南邊、更靠近城市的位置，在安東尼歐奧古斯都德阿吉亞大道和本菲卡路（Estrada de Benfica）交叉口的大型花園中，本菲卡路也就是我們離開先前那條大道之後進入的那條路。後來，動物園便遷至如今這個占地遼闊的地點。

這座壯觀的動物園在每週四的入場費是2.5埃斯庫多（動物園的週四是特殊日），其他時間的入場費則是2埃斯庫多。他們在售票處提供平面圖，上面準確標示了所有籠子和地點的位置，因此遊客不會錯過任何景點。每週四和週日會舉辦茶舞（thé dançant）。[32]

繼續沿著本菲卡路向上，我們在右邊看到杜阿爾特加華奧街（Rua Duarte Galvão），沿這條路前進會抵達本菲卡療養院（Benfica Sanatorium）；而我們左側有一道宛如屬於城堡的長牆，圍繞著過去曾屬於卡瓦略・蒙

32　目前票價為3歲以下免費，3~12歲為18歐元，13~64歲29歐元，65歲以上20.5歐元。

泰羅博士（Carvalho Monteiro）的宮殿和庭園。我們的車駛進了聖道明德本菲卡巷（Travessa de S. Domingos de Benfica），從左側離開席瓦·卡瓦略子爵（Visconde Silva Carvalho）的莊園，穿越鐵軌，再經過舊聖道明德本菲卡修道院（Convento de S. Domingos de Benfica），這裡以前曾是本菲卡王宮（Royal Palace of Benfica）。國王若昂一世把這座王宮贈送給聖道明會（Order of St. Domingos），聖道明會在此成立了修道院。這棟建築裡目前是陸軍學院（Pupillos do Exército School）兩大部門中的其中一個部門。

修道院的教堂在1755年的地震傾毀，而後又重建，裡面有精緻的彩繪磁磚作品和令人印象深刻的墓，安葬此處的也包括著名律師若昂·達斯雷格拉斯（João das Regras）。修道院旁邊是伊莎貝爾公主莊園（Quinta da Infanta Dona Isabel），曾屬於國王若昂六世的女兒伊莎貝爾公主。這座莊園如今已被改建。莊園前方的高地是弗隆泰拉侯爵夫人宮殿（Palace of the Marquises da Fronteira），這座宮殿歷史悠久，設計與裝飾都令人讚嘆，葡萄牙在軍事和文學方面的許多重要歷史事件都和這座宮殿有關。左側的庭園堪稱藝術奇觀，右側的道路則能通往蒙桑托山。這座美麗的宮殿現在屬於

弗隆泰拉侯爵的後裔，小若澤‧德馬斯卡倫哈斯（D. José de Mascarenhas the younger），遊客可以在宮殿裡取得許可後進入參觀。

我們回到本菲卡路上，沿著此處的一條電車軌道前進，很快就來到了軌道的終點。這裡就是本菲卡區（Benfica），是里斯本市相對較新的區，不過人口眾多，又足夠接近郊區，在週日與夏季傍晚往往有許多遊客。左側的山丘上則是席瓦波多公園（Parque Silva Por-to），也是十分受歡迎的假期景點。

一路上，我們的右側一直都是蒙桑托山的景觀。

我們的車繼續前進，不斷遠離里斯本市（這座城市的最外圍就是本菲卡），沒多久後便抵達了距離里斯本13公里的美麗村莊阿馬多拉（Amadora）。這個郊區村莊是近期才發展起來的，有許多漂亮的現代住宅，還有一個飛行場。

我們繼續前進，在距離里斯本15公里的位置抵達格魯茲（Queluz）。旅客應該要特別注意的是，這些郊區——本菲卡、阿馬多拉和格魯茲——都位於從里斯本前往辛特拉（Sintra）的火車路線上，我們正在逐漸接近辛特拉。

格魯茲最著名的是從1758年分批建造至1794年的王室宮殿。[33]這是那個時代最奇特的建築之一，豪華又高貴，擁有引人注意的精緻花園和悠久歷史。事實上，這棟建築起初是屬於卡斯特洛‧羅德里戈侯爵（Marquis de Castello Rodriguo）的別墅，而後被政府沒收，才成為國家財產。葡萄牙王室的數個醜聞都發生在這裡，而王室宮殿在持續不斷的增建與完善之後，終於變得如現在這般奢華，同時又不改變其原本的建築基調。除了國王和王子曾住在這裡之外，朱諾（Junot）[34]也在法國入侵西班牙的期間暫居於此，他也影響了這座宮殿的部分改動與增建。

　　宮殿裡有許多名稱特殊的房間，包括火炬室（Sala da Tocha）、弓箭室（Sala dos Archeiros）、撞球室（Sala dos Bilhares）、個人房（Sala dos Particulares）、大使房（Sala dos Embaixadores），其中大使房是宮殿中裝潢最精緻的一間房間，裡面有許多畫作與鑲嵌作品；阿薩法塔斯室（Sala

---

33　如今被稱為格魯茲夏宮或格魯茲國家宮。

34　讓‧安多什‧朱諾（Jean-Andoche Junot，1771.9.24—1813.7.29），法國將領，活躍於拿破崙時期，曾在 1807 年的半島戰爭中攻占里斯本，短暫的成為葡萄牙的統治者。

das Açafatas）；王后更衣室（Sala do Toucador da Rainha），裡面有精緻的畫作，曾是米格爾的臥室；女王公主卡蘿塔·喬金納的臥室；祈禱室；唐吉訶德室（Sala de D. Quixote），裡面的畫作呈現了小說中的英雄主角在人生中的數個階段（這個房間曾是國王佩德羅三世和王后瑪麗亞一世的臥室，也曾有其他王室成員住在這裡，包括國王若昂六世）；點心室（Sala das Merendas）、餐室、咖啡間、吸菸室、雕塑與提燈室、音樂與王座室等。這些房間全都裝潢得十分華麗，擁有精緻的鏡子。

宮殿外的庭園是葡萄牙王室建築中最好的庭園之一。它由三個獨特的花園組成：海王星花園（Neptune Garden）、桂櫻花園（Azereiros Gardens）和公園（Park）。這座庭園裡有各式各樣的樹木、植物、池塘、雕像、遍布三座花園的溪流以及橫越溪流的一座橋，橋上的彩繪磁磚展示了王室生活的樣貌。

貝拉斯村（Bellas，距離里斯本14公里）與格魯茲相距不到一公里，村裡有一座豪華的莊園，曾是貝拉斯侯爵夫人的財產，杜阿爾特國王曾住在此處，而後成為國王曼努一世的母親布里特斯（Dona Brites）的住所。如今這座莊園屬於波赫士·德艾梅達（Sr. Borges de Almeida）。在貝拉斯村的另一側還有幾座風景如畫的村莊，依傍著美麗的松木林，以及類似邦賈爾丁莊園（Quinta do Bomjardim）的地產，邦賈爾丁莊園現在是博爾巴侯爵（Marquis de Borba）的財產。這片郊區最著名的就是清新的空氣和壯麗的水景。

離開格魯茲時，我們從高架水渠的其中一座石拱下穿過，正是這座水渠把水資源運送到里斯本的。再往前一點，通往卡森（Cacém）的道路逐漸開始下降，明媚美好的辛特拉山（Serra de Cintra）印入眼簾，我們看到的會是摩爾城堡（Castle of the Moors）坐落的那一側山體。

接下來，我們經過了卡森（距里斯本18公里），許多火車路線在此交會。在此不能不提的是，我們搭乘汽車進行的這趟小小旅程，其實也可以搭火車進行。葡萄牙鐵路公司提供了從里斯本到辛特拉的短程優質鐵路服務，沿途經過所有大型村莊。火車路線在卡森出現了分支，第一條鐵路通往辛特拉，第二條鐵路通往王后溫泉市（Caldas da Rainha，距離里斯本109公里）和福茲無花果市（Figueira da Foz，距離里斯本220公里），這兩個城市都是繁榮又充滿樂趣的度假勝地，在西班牙廣受

歡迎。

　繼續前進數分鐘，辛特拉（距里斯本28公里）出現在眼前，這座城市有時籠罩在朦朧的薄霧之中，有時沐浴在燦爛的陽光之下。

跟著佩索亞踩點里斯本：10天行程規劃

特輯

在那一刻，我們不過是旅行者
而已，徘徊於遺忘和未知之
間，不過是個步行的騎士，
守衛一個被遺棄的理想。

——386. 漫步在森林裡，《惶然錄》

行前小叮嚀

★有加「＊」的地點是編輯私心加入，並不在佩索亞所規劃的景點內。

★提供每日行程與交通時間，讀者可參考彈性安排自己的旅遊行程。

★建議開始進行城市旅遊前，購買「里斯本卡（Lisboa Card）」。這張交通卡不只可以在限定時間內免費搭乘公共運輸工具，還可以免費或以折扣價參觀許多景點與博物館，不過具體可使用優惠的場所每年都會有變動，建議出發前到官網預先確認。

里斯本卡官網：https://www.visitlisboa.com/en/p/why-lisbon

★可預先下載「旅外安全指南App」。

★台灣旅外國人緊急服務專線：0800-085-095

Day1／貝倫區

一起從貝倫區開始里斯本的行程吧，雖然我們不會像佩索亞時代的旅客從港口進入里斯本，但還是可以在岸邊遠眺布吉奧燈塔。另外除了佩索亞建議的貝倫塔及傑洛尼莫斯修道院，也不能錯過知名的發現者紀念碑以及葡式蛋撻發源店——貝倫蛋撻（Pastéis de Belém）！

貝倫蛋撻

❶ **布吉奧燈塔**（Bugio Lighthouse）

14 mins

❷ **貝倫塔**（Torre de Belém）
開放時間：9:30-17:30（週一休館）

14 mins

❸ * **發現者紀念碑**（Padrão dos Descobrimentos）
開放時間：10:00-19:00

7 mins

❹ * **貝倫文化中心**（Centro Cultural de Belém）
開放時間：10:00-19:00（週一休館）

13 mins

❺ **傑洛尼莫修道院**（Mosteiro dos Jerónimos）
開放時間：9:30-18:00

8 mins

❻ * **貝倫蛋撻**（Pastéis de Belém）
開放時間：8:00-21:00

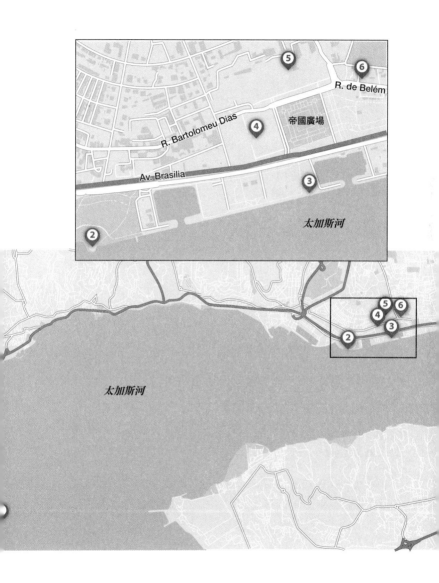

太加斯河

R. de Belém

帝國廣場

R. Bartolomeu Dias

Av. Brasilia

太加斯河

太加斯河

Day2／花園、宮殿、美術館

本日屬於歷史文物與藝術！全天跟隨佩索亞的行程踩點，參觀貝倫宮與阿茹達宮的皇家文物，再前往國立古代美術館觀賞40,000多件收藏品。

❶ 桑托斯花園（Santos Gardens，又稱瓦斯科達伽瑪花園，Vasco da Gama Gardens）
全天候開放

5 mins

❷ 貝倫宮（Palácio Real de Belem）
全天候開放

9 mins

❸ 紀念教堂（Igreja da Memória）
開放時間：14:00-16:00，週日不開放

10 mins

❹ 阿茹達植物園（Jardim Botânico da Ajuda）
開放時間：10:00-17:00

5 mins

❺ 阿茹達宮（Palácio da Ajuda）
開放時間：10:00-18:00，週三不開放。

24 mins

❻ 國立古代美術館（Museu Nacional de Arte Antiga）
開放時間：10:00-18:00，週一不開放。

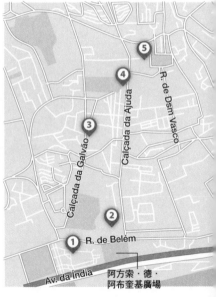

國立古代美術館

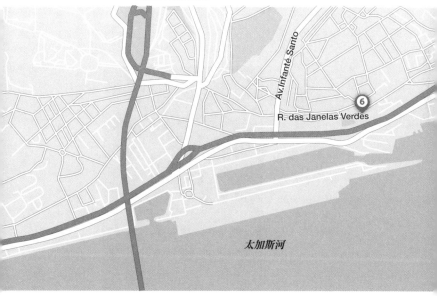

太加斯河

Day3／下城區

下城區觀光日。在里斯本傳統市場體驗當地居民的日常生活，還有數個不同類型的博物館任你挑選，但更重要的是，在惶然錄中出現多次的「道拉多雷斯大街」到底有什麼魔力，讓佩索亞寫出「如果世界在我手裡，我敢肯定我會把它換成一張返回道拉多雷斯大街的車票。」？

34 Time out market.jpg 來源：© Amuir via Wikimedia commons

① 歐比杜斯伯爵岩地（Rocha do Conde de Óbidos）

10 mins

② 路易廣場（Praça de Dom Luiz）

2 mins

③ *里斯本傳統市場（Mercado da Ribeira，遊客更熟知的名稱是Time Out Market）
開放時間：10:00-00:00

10 mins

④ 國家當代藝術博物館（National Museum of Contemporary Art）
開放時間：10:00-18:00，週一不開放。

5 mins

⑤ 海軍兵工廠（Arsenal da Marinha）

2 mins

⑥ 市政廳（Câmara Municipal）
開放時間：9:00-18:00，六、日不開放。

3 mins

⑦ 商業廣場（Praça do Commercio）

4 mins

⑧ 舊聖母無原罪教堂（Conceição Velha）
開放時間：9:00-18:00

3 mins

⑨ 尖石宮（Casa dos Bicos）
開放時間：10:00-17:30，週日不開放。

8 mins

⑩ 里斯本主教座堂（Sé Patriarcal）
開放時間：10:00-18:00，週三、日不開放。

1 min

⑪ 阿爾朱比抵抗與自由博物館（Museu do Aljube-Resistência e Liberdade）
開放時間：10:00-18:00，週一不開放。

9 mins

⑫ *道拉多雷斯大街（Rua dos Douradores）

Rua Dom Wis

Rua do Arsenal

. Brasilia

Av. 24 de Julho

R. dos Dourados

路易斯國王花園

太加斯河

Day4／阿爾法瑪區

阿爾法瑪區可說是里斯本的靈魂，本日就在佩索亞口中「里斯本最美麗的地區」逛逛跳蚤市場，看看壯麗的教堂，進行悠閒的 city walk。

電車

❶ 軍事博物館（Museu de Artilharia）
開放時間：10:00-17:00，週一不開放。

9 mins

❷ 國家萬神殿（National Pantheon）
開放時間：週一不開放，週二、三、日10:00-17:00，週四、五、六9:00-17:00

5 mins

❸ 聖克拉拉廣場（Campo de Santa Clara）的跳蚤市集（Feira da Ladra）
開放時間：週二、週六9:00-18:00

3 mins

❹ 聖文森教堂（Church of São Vicente de Fora）
開放時間：10:00-18:00

12 mins

❺ 聖若熱城堡（Castelo de São Jorge）
開放時間：9:00-18:00

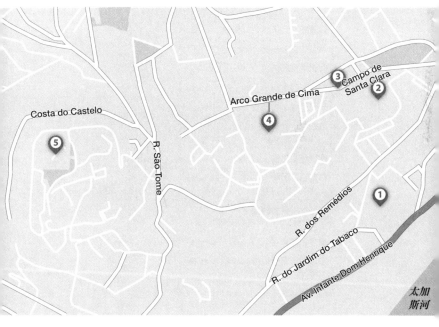

太加斯河

Lisbon

Day5／自由大道周邊

忙碌的一天！但是這些美麗的建築沒有一個可以錯過，尤其是與地震遺跡結合的卡爾莫修道院！只能稍微拜託雙腿努力一下啦，獎勵就是好吃的海鮮燉飯！（據說就在聖胡斯塔升降梯附近，噓……）

① 羅西歐火車站（Rossio Train Station）

2mins **②** 福茲宮（Palácio Foz）

1 min **③** 大道宮殿飯店（Avenida Palace）

2 mins **④** 光復廣場（Praça dos Restauradores）

3 mins **⑤** 皮涅羅・查加斯（Pinheiro Chagas）雕像

4 mins **⑥** 地理協會（Sociedade de Geographia）
開放時間：9:30-17:00，六、日休息

4 mins **⑦** 瑪麗二世國家劇院（Teatro Nacional D. Maria II）

2 mins **⑧** 聖道明教堂（Church of São Domingos）
開放時間：7:30-19:00

2 mins **⑨** 佩德羅四世廣場
（Praça D. Pedro IV，或羅西歐廣場〔Rossio〕）

2 mins **⑩** 無花果廣場（Praça da Figueira）

5 mins **⑪** 聖胡斯塔升降梯（Santa Justa Elevator）
開放時間：7:00-22:45

5 mins **⑫** 卡爾莫修道院（Convento do Carmo）
開放時間：10:00-18:00，週日不開放

自由大道

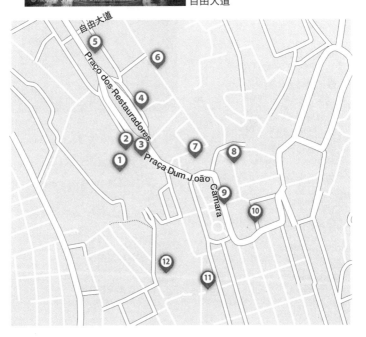

Day 6／文學日

今天是屬於教堂、自然與詩人的靜謐之日。除了參觀詩人西亞多的雕像、造訪以詩人賈梅士為名的廣場，別忘記本書作者也是葡萄牙當今最有名的文豪，他的故居「佩索亞之家」怎能不造訪？

佩索亞之家

© José Frade via Wikimedia commons

❶ 聖卡洛斯劇院
（Theatro de São Carlos）

2 mins

❷ 西亞多紀念像
（Statue of António Ribeiro）

2 mins

❸ 賈梅士廣場
（Praça Luiz de Camões）

2 mins

❹ 昆特拉男爵廣場（Largo do Barão de Quintella）

8 mins

❺ 聖洛克教堂（Church of São Roque）
開放時間：10:00-18:00

12 mins

❻ 聖本篤宮（共和國會宮 Palace of the Congress of the Republic）
開放時間：9:00-19:00，週末不開放

12 mins

❼ 艾斯特拉大教堂（Basílica da Estrela）
開放時間：9:00-13:00，15:00-19:45

5 mins

❽ 艾斯特雷拉花園（Jardim da Estrella）
開放時間：7:00-00:00

4 mins

❾ 英國公墓（British Cemetery）
開放時間：10:30-13:00，週末不開放

6 mins

❿ *佩索亞之家（Casa Fernando Pessoa）
開放時間：10:00-18:00，週一不開放

13 mins

⓫ 聖馬梅迪廣場
（Largo de São Mamede）

8 mins

⓬ 龐巴爾侯爵廣場
（Praça Marquês de Pombal）

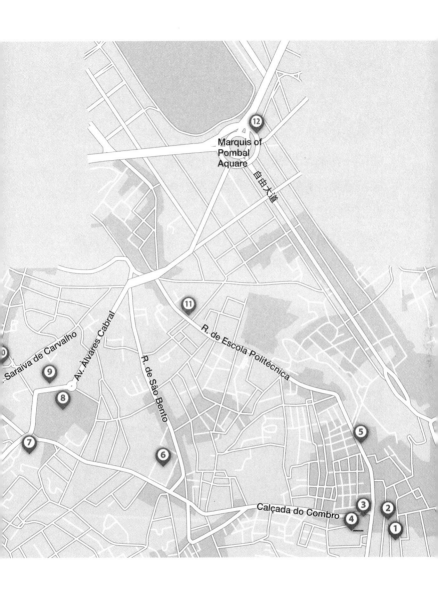

Marquis of
Pombal
Aquare

自由大道

R. de Escola Politécnica

Saraiva de Carvalho

Av. Álvares Cabral

R. de São Bento

Calçada do Combro

Lisbon

Day7／遠離市區日

今天前往里斯本最傑出的工程遺跡之一——阿瓜里弗渡槽，據說爬上該渡槽後可以看到絕佳的風景。由於本日景點位置較偏遠，聯繫周邊的交通時間較長，因此沒有安排太多景點，最後可在山上聖母丘尋找絕佳的位置欣賞日落以及俯瞰里斯本，再配一杯葡萄牙特色咖啡Galão作為本日收尾！

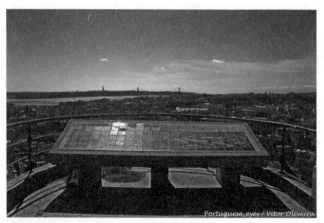

Portuguese eyes / Vitor Oliveira

山上聖母丘

① 阿瓜里弗渡槽（Aqueducto das Aguas Livres）
　開放時間：10:00-17:30，週一不開放

11 mins

② 里斯本監獄(Estabelecimento Prisional de Lisboa)

8 mins

③ 愛德華七世公園（Parque Eduardo VII）

13 mins

④ 薩達尼亞公爵廣場（Praça Duque de Saldanha）

27 mins

⑤ 山上聖母丘（Senhora do Monte）

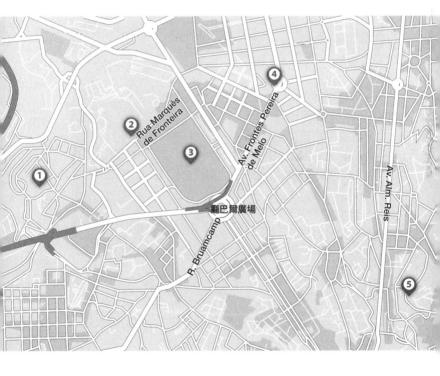

Day8／遠離市區日2

坎普佩克諾鬥牛場除了作為展演使用，內部也有購物中心、書店及電影院，是一個大型的複合式休閒場所！

鬥牛場內部

1 里約熱內盧廣場（Praça Rio de Janeiro）

16 mins 2 坎普佩克諾鬥牛場（Praça de Touros do Campo Pequeno）

11 mins 3 格蘭德廣場（Campo Grande）

10 mins 4 理學院（Faculty of Sciences）

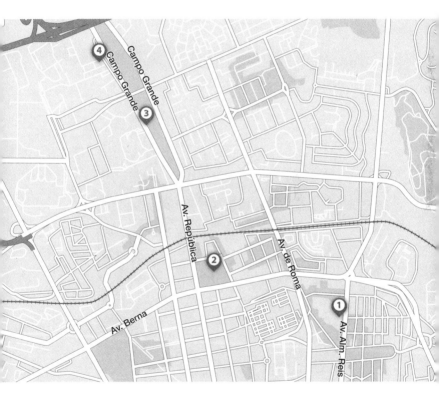

Day9／前往格魯茲

今日所要前往的格魯茲已離開里斯本市區，路程較遠，但佩索亞依舊將其納入值得一探的地點。沿途還會經過動物園與修道院，是個景色宜人的參訪地！

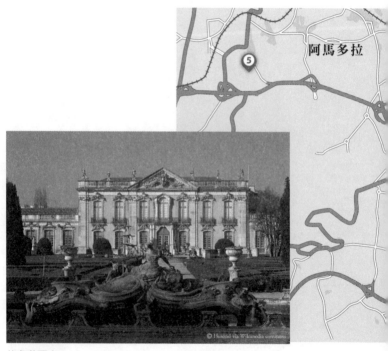

格魯茲夏宮

① 從羅西歐車站出發

16 mins

② 里斯本動物園（Jardim Zoologico）
開放時間：10:00-18:00

10 mins

③ 舊聖道明德本菲卡修道院（Convento de S. Domingos de Benfica）

23 mins

④ 席瓦波多公園（Parque Silva Porto）
開放時間：7:00-19:00

33 mins

⑤ 格魯茲夏宮（National Palace of Queluz）
開放時間：9:00-17:30

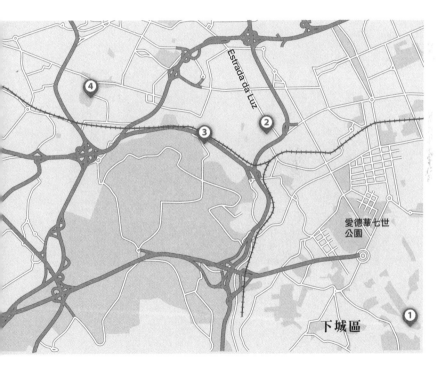

Day10／辛特拉

既然已經接近辛特拉，旅客不妨在結束格魯茲的遊覽後小住一晚，隔天前往辛特拉遊覽。辛特拉擁有多個皇家莊園與宮殿，其中辛特拉宮、佩納宮與摩爾人城堡皆是世界遺產，值得一看。

佩納宮

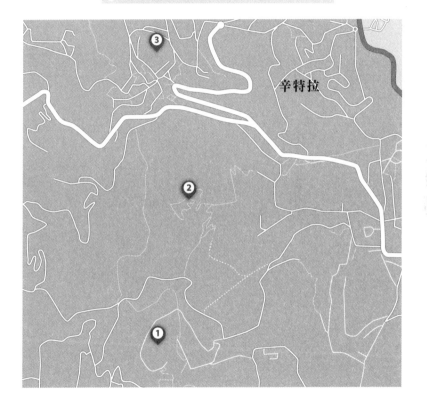

❶ *摩爾人城堡（Castle of the Moors）
開放時間：9:30-18:00

33 mins

❷ *佩納宮（Palácio Nacional da Pena）
開放時間：9:00-18:30

58 mins

❸ *辛特拉宮（Palácio Nacional de Sintra）
開放時間：9:30-18:30

辛特拉

旅行物品整理清單

絕對必備

- □《因為佩索亞，所以里斯本》

證件

- □ 護照／身分證
- □ 現金（歐元）
- □ 信用卡

交通

- □ 機票／電子機票
- □ 當地交通卡

3C用品

- □ 手機及充電器
- □ 筆電及充電器
- □ 平板及充電器
- □ 相機及充電器
- □ 記憶卡
- □ 電源轉接頭
- □ 電壓轉換器（葡萄牙電壓 220V）
- □ 行動電源（手提上機）
- □ 耳機及充電線
- □ 行動網路／國外漫遊SIM卡／ESIM

飛機小物

- □ 壓力襪
- □ 頸枕
- □ 電子閱讀器（手提上機）（本書也有電子版！）
- □ 眼罩／蒸氣眼罩
- □ 口罩／保濕口罩
- □ 暈機藥
- □ 外套

藥品

- □ 感冒藥
- □ 暈車藥
- □ 腸胃藥
- □ 止痛藥
- □ 小壺

衣物

- □ 內衣（　）件
- □ 內褲（　）件
- □ 外套（　）件
- □ 外衣（　）件
- □ 外褲或裙（　）件
- □ 鞋子（　）雙
- □ 襪子（　）雙
- □ 拖鞋

☐ 帽子　　　　　　　　　　　☐ 毛巾
☐ 後背包　　　　　　　　　　☐ 梳子
☐ 隨身包　　　　　　　　　　☐ 捲梳
☐ 分裝洗衣粉／洗衣精　　　　☐ 髮捲
☐ 衣架
☐ 曬衣繩

化妝品

盥洗

☐ 隔離霜
☐ 粉底液
☐ 眼鏡　　　　　　　　　　　☐ 蜜粉
☐ 卸妝　　　　　　　　　　　☐ 遮瑕膏
☐ 唇卸妝　　　　　　　　　　☐ 眼影
☐ 洗面乳　　　　　　　　　　☐ 打亮
☐ 牙刷　　　　　　　　　　　☐ 眼線筆
☐ 牙膏　　　　　　　　　　　☐ 眉筆
☐ 牙線　　　　　　　　　　　☐ 陰影
☐ 護唇膏　　　　　　　　　　☐ 腮紅
☐ 化妝水　　　　　　　　　　☐ 口紅
☐ 乳液　　　　　　　　　　　☐ 睫毛膏
☐ 面膜
☐ 護手霜
☐ 痘痘藥
☐ 隱形眼鏡
☐ 生理用品
☐ 鯊魚夾
☐ 髮圈
☐ 小黑夾
☐ 睡衣

任何一次旅行，

哪怕是一次簡短的旅行結束，

我都彷彿從夢境繽紛的睡眠中醒來 ——

我處在紛繁迷亂的興奮中，

各種感覺紛沓而至，

我迷醉於我的所見之中。

——122. 為什麼要去旅行，《惶然錄》

Golden Age 49

因為佩索亞，所以里斯本
【出版100週年紀念｜繁體中文版首度面市】(精裝典藏版)
Lisbon: What the tourist Should See

作　　者　費爾南多 · 佩索亞 Fernando Pessoa
譯　　者　閻翊均

野人文化股份有限公司
社　　長　張瑩瑩
總 編 輯　蔡麗真
責任編輯　徐子涵
校　　對　魏秋綱
行銷經理　林麗紅
行銷企畫　李映柔
封面設計　莊謹銘
美術設計　洪素貞

出　　版　野人文化股份有限公司
發　　行　遠足文化事業股份有限公司 (讀書共和國出版集團)
　　　　　地址：231 新北市新店區民權路 108-2 號 9 樓
　　　　　電話：（02）2218-1417　傳真：（02）8667-1065
　　　　　電子信箱：service@bookrep.com.tw
　　　　　網址：www.bookrep.com.tw
　　　　　郵撥帳號：19504465 遠足文化事業股份有限公司
　　　　　客服專線：0800-221-029
法律顧問　華洋法律事務所　蘇文生律師
印　　製　成陽印刷股份有限公司
初版首刷　2025 年 2 月

9786267555569 (精裝)
9786267555552 (EPUB)
9786267555545 (PDF)

有著作權　侵害必究
特別聲明：有關本書中的言論內容，不代表本公司 / 出版集團之立場與意見，
文責由作者自行承擔
歡迎團體訂購，另有優惠，請洽業務部（02）22181417 分機 1124

國家圖書館出版品預行編目（CIP）資料

因為佩索亞，所以里斯本 / 費爾南多 · 佩索
亞 (Fernando Pessoa) 著；閻翊均譯 . -- 初版 .
-- 新北市：野人文化股份有限公司出版：遠
足文化事業股份有限公司發行 , 2025.02
　面；　公分 . -- (Golden age)
譯自：Lisbon：what the tourist should see
ISBN 978-626-7555-56-9(精裝)

1.CST: 遊記 2.CST: 葡萄牙里斯本

746.2719　　　　　　　　　　113020798

因為佩索亞，
所以里斯本

線上讀者回函專用
QR CODE，你的寶
貴意見，將是我們
進步的最大動力。

野人文化
官方網頁

野人文化
讀者回函

惶然錄：
葡萄牙國寶作家佩索亞靈魂代表作｜獻給惶惑世代的不安之書

仿日記體片段式隨筆，費爾南多・佩索亞化身爲無數名「異名者」，

粉碎自己的內心，探究平凡自我無數可能的面向，深入心底，直達失落的靈魂禁區。

喬治・史坦納：「《惶然錄》爲里斯本下了魔咒，

使它如同喬埃斯的都柏林，卡夫卡的布拉格。」

我的心稍微大於
一整座宇宙
【佩索亞｜詩選】

再疲憊的人生也不能沒有詩意，再豐滿的生活也不能失去佩索亞。

寫下便是永恆，感受即是存在。

「我知道眞理，於是快樂。」

全書收錄佩索亞本人與四位異名者詩作共238首詩。

「異名者」是佩索亞創造出來的文學人格，他們有不同的思想、觀點、文學風格，

甚至常與他們的創造者佩索亞觀念牴觸。